Zentrum Moderner Orient
Geisteswissenschaftliche Zentren Berlin e.V

Afrikabezogene Nachlässe in den Bibliotheken und Archiven der Bundesländer Berlin, Brandenburg und Mecklenburg-Vorpommern

■ Zusammengestellt und bearbeitet von
  Jan-Georg Deutsch und Ingeborg Halene

Arbeitshefte 15

 Verlag Das Arabische Buch

Die Deutsche Bibliothek - CIP-Einheitsaufnahme

Afrikabezogene Nachlässe in den Bibliotheken und Archiven der Bundesländer Berlin, Brandenburg und Mecklenburg-Vorpommern / Zentrum Moderner Orient, Geisteswissenschaftliche Zentren Berlin e.V. Zsgest. und bearb. von Jan-Georg Deutsch und Ingeborg Halene - Berlin : Verl. Das Arab. Buch, 1997
  (Arbeitshefte / Zentrum Moderner Orient, Geisteswissenschaftliche Zentren Berlin e.V. ; 15)
  ISBN 3-86093-155-5

Zentrum Moderner Orient
Geisteswissenschaftliche Zentren Berlin e.V.

Gründungsdirektor:
Prof. Dr. Peter Heine

Prenzlauer Promenade 149-152
13189 Berlin
Tel. 030 / 4797366

ISBN 3-86093-155-5
ARBEITSHEFTE

Bestellungen:
Das Arabische Buch
Horstweg 2
14059 Berlin
Tel. 030 / 3228523
Fax 030 / 3225183

Redaktion und Satz: Margret Liepach

Druck: Druckerei Weinert, Berlin
Printed in Germany 1997

Gedruckt mit Unterstützung der Senatsverwaltung für Wissenschaft, Forschung und Kultur, Berlin

Inhalt

Vorwort 5

Verzeichnis der Nachlässe bzw. Teil- und Splitternachlässe,
alphabetisch sortiert nach Provenienz mit Hinweis auf den
Verwahrungsort 11

Verzeichnis der Archive und Bibliotheken
(Adressen, Öffnungszeiten und Hinweise auf Bestände) 67

Register
  Alphabetisches Verzeichnis der Nachlässe
  (Namen und Lebensdaten) 85
  Regionen Afrikas mit Hinweis auf Nachlässe 87
  Alphabetisches Kurzverzeichnis der Archive
  und Bibliotheken 91

Literaturverzeichnis 93

Vorwort

Das vorliegende Verzeichnis afrikabezogener Nachlässe in den Archiven und Bibliotheken der Bundesländer Berlin, Brandenburg und Mecklenburg-Vorpommern ist als ein Pilotprojekt konzipiert worden. Hauptziel des Unternehmens war es, am Beispiel einer kleineren Region herauszufinden, inwieweit eine Notwendigkeit besteht, die vorhandenen Nachlaßverzeichnisse zu aktualisieren.[1] Weiterhin sollte ermittelt werden, welcher materielle Aufwand notwendig ist, um ein fachlich eingegrenztes Nachlaßverzeichnis - hier bezüglich Afrikas - für Historiker und andere Sozialwissenschaftler vorzulegen.

Die Nachfrage nach einem afrikabezogenen Nachlaßverzeichnis ist in dem Maße gestiegen, wie sich in den letzten 20 Jahren die historisch arbeitenden Afrikawissenschaften als Fachgebiet in der Bundesrepublik Deutschland etabliert haben. Auch besteht im internationalen Vergleich hier ein gewisser Nachholbedarf, da beispielsweise in Großbritannien, wo die historischen Afrikawissenschaften als akademische Disziplin schon länger existieren, entsprechende Nachlaßverzeichnisse in der Regel bereits vorhanden sind.[2] Darüber hinaus haben Historiker, die sich mit der Geschichte des Deutschen Reiches vor 1914 beschäftigen, immer schon auch ein Interesse an afrikabezogenen Nachlässen gehabt, da die deutschen Kolonialunternehmungen, insbesondere in Afrika, die Geschichte des Kaiserreiches maßgeblich beeinflußt haben.

Das Pilotprojekt ist nun zu einem vorläufigen Abschluß gekommen. Insgesamt ist es gelungen, in den drei genannten Bundesländern 80 Nachlässe von Personen, die sich in Afrika aufgehalten haben, aufzuspüren, wobei die überwiegende Mehrzahl dieser Nachlässe im Bundesland Berlin verwahrt wird. Gemessen an der Anzahl der gefundenen Nachlässe hat sich damit der Kenntnisstand gegenüber den bereits vorhandenen Nachlaßverzeichnissen etwa verdoppelt. Es ist daher beabsichtigt, die Arbeit an dem vorliegenden Nachlaßverzeichnis fortzusetzen, nicht zuletzt, da die Herausgeber im Verlauf der Erhebung eine Vielzahl von Hinweisen auf nichtverzeichnete Nachlässe in benachbarten Bundesländern, insbesondere in Sachsen, erhalten haben.

Der Grundgedanke des vorliegenden Verzeichnisses war es, das Nachlaßgut von Persönlichkeiten zu erfassen, die sich vor dem Zweiten Weltkrieg in Afrika aufgehalten haben und somit als "Augenzeugen" zu begreifen sind. Zu diesem Zweck wurden 429 Bibliotheken und Archive, einschließlich Privat- und Firmenarchive, in den drei genannten Bundesländern - teilweise zweifach - angeschrieben, deren Adressen aus den allgemein zugänglichen Verzeichnissen von wissenschaftlichen Bibliotheken und Archiven gewonnen wurden.[3] In dem Anschreiben wurde speziell nach dem Namen des Nachlaßgebers, der Laufzeit und dem Umfang des Bestandes sowie nach seiner zeitgenössischen geographischen Zuordnung gefragt. Weiterhin wurde um Informationen bezüglich der Tätigkeit des Nachlaßgebers, wie Kolonialbeamter, Missionar, Forschungsreisender, Krankenschwester, Kaufmann etc., gebeten. 336 Institutionen haben dankenswerterweise auf das Schreiben geantwortet. Parallel dazu wurden die bekannten allgemeinen Nachlaßverzeichnisse ausgewertet und, wenn afrikabezogene Nachlässe nachgewiesen wurden, die entsprechenden Institutionen nochmals direkt angeschrieben.

Dabei stellte sich schnell heraus, daß z.T. mehrere Besuche bei den Archiven und Bibliotheken bzw. telefonische Nachfragen notwendig waren, um auch nur einen einigermaßen einheitlichen Antwortensatz zu erhalten. Oft mußten die entsprechenden Findbücher und -karteien der jeweiligen Institutionen persönlich durchgesehen und ausgewertet werden. In einigen wenigen Fällen wurde auch das Archivgut selbst eingesehen, um über die Aufnahme in das Verzeichnis entscheiden zu können. Auf einzelne Probleme wird noch weiter unten eingegangen werden, aber an dieser Stelle sei schon vermerkt, daß die Findmittel insbesondere in größeren Institutionen wie beispielsweise in Universitätsbibliotheken nicht ausreichen, um sich ein einigermaßen vollständiges Bild zu machen, vor allem wenn außer dem Namen eines Nachlaßgebers keine weiteren Informationen über den Nachlaß zur Verfügung standen. Um hier nicht bedeutende Bestände zu übergehen, wurde daher ein rudimentäres Namensverzeichnis von Persönlichkeiten angelegt, die sich vor dem Zweiten Weltkrieg in Afrika aufgehalten haben, und dieses mit den Nachlaßverzeichnissen und Briefsammlungslisten der entsprechenden Institution verglichen.[4] Die Tatsache, daß sich hier große Lücken und Zufälligkeiten ergaben, war nicht zu vermeiden.

In den Anschreiben an die Archive und Bibliotheken wurde ausschließlich nach dem Archivgut von Privatpersonen (Nachlaß, Teilnachlaß oder Nachlaßsplitter) gefragt.[5] Bestände anderer Provenienz wurden nicht erfragt und daher in der Regel auch nicht aufgenommen, obwohl sich dieses Prinzip nicht immer einhalten ließ, da, wie es sich herausstellte, größere Nachlässe häufig auch andere Bestände umfassen. Zudem war es recht schwierig, rechtliche Personen wie Vereine und Gesellschaften von natürlichen Personen scharf abzugrenzen. Im vorliegenden Verzeichnis wurden ausschließlich die Nachlässe natürlicher Personen erfaßt. Damit aber andere wichtige Informationen nicht einfach verlorengehen, wurden für diese die Sparte "Besondere Hinweise" in dem Kapitel "Nachlaßverwahrende Archive und Bibliotheken" eingerichtet.

Im Rahmen der Erstellung des Verzeichnisses sind eine Reihe von Problemen aufgetreten, die mit den vorhandenen Sach- und Personalmitteln nicht gelöst werden konnten. Zunächst waren verschiedene Institutionen aus technischen Gründen nicht in der Lage, die Anfragen der Herausgeber zu beantworten. Beispielsweise befand sich eine Anzahl von Archiven im Umzug, und selbst mit dem besten Willen war es den Archivaren zum Erhebungszeitpunkt (Ende 1996) nicht möglich, detailliertere Auskünfte auf Nachfragen zu geben. Weiterhin konnte eine Reihe von Archiven und Bibliotheken keine genauen Angaben über den Inhalt oder Umfang der von ihnen verwahrten Nachlässe machen. Insbesondere bei größeren Institutionen wie beispielsweise Universitäten mußte darüber hinaus festgestellt werden, daß Unterabteilungen dieser Institutionen, im Falle von Universitäten beispielsweise Fakultätsinstitute, bedeutende Nachlässe verwahren, ohne daß die Zentralbibliothek der Institution davon Kenntnis hat. Dies hat die Arbeit erheblich kompliziert, und die hieraus entstandenen Lücken konnten nur im Einzelfall geschlossen werden. Auf das Problem unzureichender Findmittel wurde bereits hingewiesen. Weiterhin ergab sich das Problem, daß bisweilen Bestände gemeldet wurden, deren Umfang, Art und Bedeutung die Aufnahme in ein Verzeichnis afrikabezogener Nachlässe nicht rechtfertigte. Wenn es irgend ging, haben sich die Herausgeber jedoch einer negativen Aufnahmeentscheidung enthalten und selbst Kleinstbestände erfaßt.

Das größte Problem ergab sich durch die Auswahl der Institutionen, die von den Herausgebern angeschrieben wurden. Dabei handelte es sich durchweg um öffentliche Institutionen oder um Privatarchive größerer Firmen bzw. um Archive von Adelsfamilien, deren Mitglieder öffentliche Funktionen wahrgenommen hatten. Kleinere, insbesondere "bürgerliche" Familienarchive konnten nicht berücksichtigt werden, da diese nicht in den üblichen Archiv- und Bibliotheksverzeichnissen aufgeführt werden und daher ihre postalische Anschriften nicht ohne erheblichen zusätzlichen Aufwand zu ermitteln sind. Wegen der Begrenztheit der zur Verfügung stehenden Personal- und Sachmittel konnte hier keine Abhilfe geschaffen werden, obwohl gerade in diesem Bereich möglicherweise noch wichtige, bisher nicht verzeichnete Nachlässe zu finden sind.[6]

Das Verzeichnis ist in drei Teile untergliedert. Im ersten Teil wurden in alphabetischer Reihenfolge die Namen der Nachlaßgeber, ihre Tätigkeit und Aufenthaltsregionen in Afrika sowie die Art, der Umfang und der Aufbewahrungsort ihrer Nachlässe verzeichnet. Daran schließt sich eine alphabetische Auflistung der nachlaßverwahrenden Institutionen mit Hinweisen auf die Nachlaßgeber sowie den oben erwähnten "Sonstigen Hinweisen" an. Im dritten und abschließenden Registerteil finden sich ein alphabetisch und geographisch gegliedertes Kurzverzeichnis der Nachlaßgeber sowie ein kurzes alphabetisches Namensverzeichnis der nachlaßverwahrenden Institutionen.

Das vorliegende Verzeichnis entsprang einer Anregung von Dr. Peter Sebald. Es wäre nicht ohne die Mithilfe der vielen Archivarinnen, Archivare bzw. Bibliothekarinnen und Bibliothekare entstanden, die bereitwillig die Anschreiben und Nachfragen der Herausgeber beantwortet haben und ihnen darüber hinaus geholfen haben, die gröbsten Fehler bei der Suche nach Nachlässen zu vermeiden. Selbstverständlich sind aber die Herausgeber für alle noch verbleibenden Fehler, Lücken und Ungenauigkeiten allein verantwortlich. Das Verzeichnis wäre auch nicht ohne die finanzielle und personelle Unterstützung des Geisteswissenschaftlichen Zentrums Moderner Orient entstanden, dessen Gründungsdirektor Prof. Dr. Peter Heine es den Herausgebern freundlicherweise gestattete, die editorische Unterstützung von Frau Margret Liepach und die Hilfe von Dorothea Trappe und Thomas Rottland in Anspruch zu nehmen sowie das Verzeichnis in der Reihe der *Arbeitshefte* des Zentrums Moderner Orient zu veröffentlichen. Ihnen allen sei hier recht herzlich gedankt. Schließlich möchten sich die Herausgeber auch schon bei all denjenigen bedanken, die ihnen in der Zukunft Korrekturen und Ergänzungen für das Verzeichnis zukommen lassen, da dieses trotz aller Bemühungen wahrscheinlich immer noch erhebliche Lücken aufweist und nur durch die Anstrengung vieler zu einem befriedigenden Abschluß gebracht werden kann.

Die Herausgeber

Anmerkungen

1 Dafür gab es einige Hinweise. Beispielsweise ist die Aufnahme von Daten in dem von Wolfgang A. Mommsen 1983 herausgegebenen monumentalen Nachlaßverzeichnis bereits Mitte 1979 abgeschlossen worden. Dabei haben ihm Angaben zu den Archiv- und Bibliotheksbeständen der ehemaligen Deutschen Demokratischen Republik nur in beschränktem Maße zur Verfügung gestanden. Vgl. Wolfgang A. Mommsen, Die Nachlässe in den deutschen Archiven (mit Ergänzungen aus anderen Beständen), Teil 2, Schriften des Bundesarchivs Bd. 17/II, Boppard am Rhein 1983, S. vii-x. Ähnliches gilt auch für das Nachlaßverzeichnis, das von Ludwig Denecke und Thilo Brandis bearbeitet bzw. herausgegeben wurde. Vgl. Ludwig Denecke, Die Nachlässe in den Bibliotheken der Bundesrepublik Deutschland, 2. Aufl., völlig neu bearbeitet von Thilo Brandis, Boppard am Rhein 1981.

2 Vgl. z.B. A. Thurston, Guide to Archives and Manuscripts relating to Kenya and East Africa in the United Kingdom, 2 v., London 1991.

3 Verein deutscher Archivare (Hg.), Archive in der Bundesrepublik Deutschland, Österreich und der Schweiz, 15. Auflage, Münster 1995; Staatsbibliothek zu Berlin (Hg.), Sigelverzeichnis für die Bibliotheken der Bundesrepublik Deutschland, Berlin 1995.

4 Dieses Namensverzeichnis wurde aus verschiedenen Quellen gewonnen, beispielsweise aus dem von Heinrich Schnee herausgegebenen Deutschen Kolonial-Lexikon (3 Bde., Leipzig 1920). In dem geplanten Nachfolgeprojekt soll an diesem Verzeichnis verstärkt gearbeitet werden, da es nur auf diese Weise möglich ist, systematisch bestimmten Nachlässen z.B. in Privatarchiven nachzuspüren.

5 Zur Archivtheorie und -geschichte des Begriffs "Nachlaß" nebst zahlreichen Literaturhinweisen vgl. das Vorwort von Thilo Brandis in: L. Denecke, Die Nachlässe in den Bibliotheken der Bundesrepublik Deutschland, 2. Auflage, völlig neu bearbeitet von Thilo Brandis, Boppard am Rhein 1981, S. vii-xvi.

6 Beispielsweise ist bisher noch nicht versucht worden, die Nachlässe von höheren Kolonialbeamten, wie beispielsweise die Nachlässe der Gouverneure der deutschen Kolonien, oder die Nachlässe von bedeutenden Forschungsreisenden in den Archiven und Bibliotheken der Bundesrepublik Deutschland systematisch zu verzeichnen.

Verzeichnis der Nachlässe bzw. Teil- und Splitternachlässe, alphabetisch sortiert nach Provenienz mit Hinweis auf den Verwahrungsort

Abkürzungen

AE   Akteneinheit
GSNL   Gelehrten- und Schriftstellernachlässe der DDR (siehe Literaturverzeichnis)
HUB   Humboldt-Universität zu Berlin
PTB   Physikalisch-Technische Bundesanstalt
SMPK   Staatliche Museen zu Berlin Preußischer Kulturbesitz

Bergmann, Gustav von (1878-1955)

Region: Ägypten
Tätigkeit
  - *in Afrika:* Behandlung des Königs von Ägypten
  - *außerhalb Afrikas:* Arzt

Verwahrungsort: Humboldt-Universität zu Berlin, Universitätsarchiv
Art des Nachlasses: Familiennachlaß
Laufzeit: 1891-1944
Umfang
  - *gesamt:* 15 Kisten
  - *zu Afrika:* ca. 5 Briefe in bearbeitetem Material
Bestand erschlossen: teilweise (6 von 15 Kisten)
Inhalt des Bestandes: Korrespondenzen (teils bearbeitet), persönliche Papiere, Manuskripte, Familienfotos, Schul- und Universitätsmitschriften, Zeitungsartikel, Krankengeschichten, Familiengeschichte

Besondere Hinweise: Hotelrechnung Kairo (7 Tage) in Kiste 2

Bittel, Kurt (1907-1991)

Region: Ägypten
Tätigkeit
- *in Afrika:* Wissenschaftler (Teilnehmer an diversen deutschen und ägyptischen Grabungen und Expeditionen)
- *außerhalb Afrikas:* Forschungen zu anatolischer, griechischer und mitteleuropäischer Frühgeschichte, Direktor des Deutschen Archäologischen Instituts in Istanbul (1954-1960), Präsident des Deutschen Archäologischen Instituts in Berlin (1960-1972)

Verwahrungsort: Deutsches Archäologisches Institut Berlin
Art des Nachlasses: Echter, vollständiger wissenschaftlicher Nachlaß
Laufzeit: ca. 1920-1991
Umfang
- *gesamt:* ca. 20 lfd. m
- *zu Afrika:* ca. 3 Mappen

Bestand erschlossen: teilweise (in Bearbeitung)
Inhalt des Bestandes: Korrespondenzen, Arbeitsmaterial, Manuskripte, Fotos, biographische Unterlagen, Photographien, Karten, Drucksachen

Braun, Carl Philipp Johann Georg (1870-1935)

Region: Ostafrika
Tätigkeit
- *in Afrika*: Botaniker des Reichskolonialamtes, 1905-1916 am Biologisch-Landwirtschaftlichen Institut in Amani, Tanganyika
- *außerhalb Afrikas*: Botaniker und Pharmazeut, Regierungsrat; Leiter der "Biologischen Reichsanstalt für Land- und Forstwirtschaft"

Verwahrungsort: Botanischer Garten und Botanisches Museum Berlin-Dahlem
Art des Nachlasses: wissenschaftlicher Teilnachlaß
Laufzeit: nicht ersichtlich

Umfang
  - *gesamt*: ca. 1 lfd. m
  - *zu Afrika*: keine Angaben
Bestand erschlossen: nein
Inhalt des Bestandes: botanische Manuskripte und Aufzeichnungen, Fotoplatten

Verwahrungsort: Geheimes Staatsarchiv Preußischer Kulturbesitz
Art des Nachlasses: Teilnachlaß
Laufzeit: 1903-1934
Umfang
  - *gesamt*: 0,5 lfd. m
  - *zu Afrika*: ein Großteil
Bestand erschlossen: ja
Inhalt des Bestandes: Korrespondenzen, Lebensberichte und Reisebeschreibungen, Fotos, Manuskripte, Druckschriften und Zeitungsartikel, Adressenliste

Besondere Hinweise: 10 Schriften von Braun wurden dem Museum für Völkerkunde in Berlin überlassen.

Brugsch (-Pascha), Heinrich Ferdinand Karl (1827-1894)

Region: Ägypten
Tätigkeit
  - *in Afrika*: Forschungsreisen, Preußischer Konsul in Kairo ("Brugsch-Pascha"), Leiter der École d'Egyptologie in Kairo
  - *außerhalb Afrikas*: Ägyptologe, 1860 in Persien (Teheran)

Verwahrungsort: Berlin-Brandenburgische Akademie der Wissenschaften
Art des Nachlasses: Kopien der im Familienbesitz befindlichen Originale
Laufzeit: 1849-1893
Umfang
  - *gesamt*: 1 Kasten
  - *zu Afrika*: einige Urkunden

Bestand erschlossen: nein
Inhalt des Bestandes: vorwiegend Ehren- und Ernennungsurkunden, bzgl. Ägypten: zur Verleihung des Titels Pascha, zur Bestallung als Konsul in Kairo, zur Ordensverleihung durch den Khédiven von Ägypten

Verwahrungsort: Deutsches Archäologisches Institut
Art des Nachlasses: wissenschaftlicher Teilnachlaß
Laufzeit: 1859-1884
Umfang
- *gesamt*: 2 Kästen
- *zu Afrika*: laut Kartei alles
Bestand erschlossen: ja
Inhalt des Bestandes: 1 Kiste Demotische und Hieroglyphen-Texte (3 Rollen, 1 Couvert), Publikationen von ägyptischen Texten, 2 Briefe

Buchholz, Reinhold (1837-1876)

Region: West-Afrika
Tätigkeit
- *in Afrika*: Militärarzt, Zoologe
- *außerhalb Afrikas*: keine Angaben

Verwahrungsort: Ernst-Moritz-Arndt-Universität Greifswald, Zoologisches Institut und Museum
Art des Nachlasses: wissenschaftlich, Bruchstück
Laufzeit: nicht ersichtlich
Umfang
- *gesamt*: 1 Heft mit losen Blättern
- *zu Afrika*: entsprechend
Bestand erschlossen: als handschriftliche Aufzeichnung erfaßt
Inhalt des Bestandes: 1 Zeichnung, sonst Aufzeichnungen über Tiere

Weitere Hinweise: GSNL I.59.

Darmstädter Sammlung

Region: verschiedene

Verwahrungsort: Staatsbibliothek Preußischer Kulturbesitz Haus 2, Handschriftenabteilung
Art des Nachlasses: sehr umfangreiche Briefsammlung
Laufzeit: 16.-19. Jahrhundert (-1905)
Umfang
  - *gesamt*: sehr umfangreich
  - *zu Afrika*: mehrere Autographen (dem Register zu entnehmen)
Bestand erschlossen: ja
Inhalt des Bestandes: Sammlung von Hunderten von Autographen, die Ludwig Darmstädter (1846-1927) im Jahre 1907 der Königlichen Bibliothek in Berlin als "Dokumente zur Geschichte der Wissenschaften" stiftete.
Besonders erwähnt werden sollen 2 Mappen von Gerhart Rohlfs (1831-1896), Afrikaforscher, u. a. in Algier, Konsul in Zanzibar, zahlreiche Nordafrika-Expeditionen.

Besondere Hinweise: In der Kartenabteilung von Haus 1 befinden sich 47 Bände Darmstädters mit Postkarten und Fotos seiner Reisen; im Register derselben fand sich kein Hinweis auf eine Afrikareise, die er selbst unternommen hätte.

Weitere Hinweise: Denecke/Brandis S. 62.

Dittmann, Karl Heinrich (1907-?, im Zweiten Weltkrieg vermißt)

Region: Ägypten
Tätigkeit
  - *in Afrika*: Forschungsreisen
  - *außerhalb Afrikas*: Archäologe und Ägyptologe, Leiter der archäologischen Abteilung der Universität Heidelberg

Verwahrungsort: Deutsches Archäologisches Institut
Art des Nachlasses: überwiegend wissenschaftlicher Nachlaß
Laufzeit: ca. 1882-1942
Umfang
- *gesamt*: 3 Kästen
- *zu Afrika*: ca. 2 Kästen

Bestand erschlossen: ja
Inhalt des Bestandes: Korrespondenzen, Manuskripte, Fotos, Notizen, Zeichnungen, Skizzen, Zeitungsausschnitte, Sonderdrucke, Kartenmaterial (bzgl. Deutschland)

Besondere Hinweise: Denecke/Brandis S. 68, Mommsen Nr. 771.

Ebers, Georg (1837-1898)

Region: Nordafrika
Tätigkeit
- *in Afrika*: keine Angaben
- *außerhalb Afrikas*: Orientalist, Ägyptologe und Schriftsteller (Romane), Professor in Leipzig

Verwahrungsort: Staatsbibliothek Preußischer Kulturbesitz Haus 2, Handschriftenabteilung
Art des Nachlasses: umfangreicher Nachlaß
Laufzeit: 1858-1898
Umfang
- *gesamt*: 47 Kästen, Kapseln, Mappen, 1 Rolle
- *zu Afrika*: aus dem Findbuch nicht ersichtlich

Bestand erschlossen: ja
Inhalt des Bestandes: Korrespondenzen, Kollegaufzeichnungen, Notizen, Tagebücher, Sonderdrucke, Zeitungen, Bilder, Urkunden, Nachrufe

Besondere Hinweise: Briefwechsel mit Emily Ruete (Prinzessin von Sansibar)

Weitere Hinweise: Denecke/Brandis S. 76, GSNL I.148, II.98, III.202.

Ehrenberg, Christian Gottfried (1795-1876)

Region: Nordafrika
Tätigkeit
- *in Afrika*: Naturforscher, Forschungsreisender: gemeinsam mit Hemprich Forschungsreise zu den Küstenländern des Roten Meeres 1820-1826
- *außerhalb Afrikas*: Professor der Medizin an der Universität Berlin, Sekretär der Akademie der Wissenschaften Berlin

Verwahrungsort: Berlin-Brandenburgische Akademie der Wissenschaften
Art des Nachlasses: überwiegend wissenschaftlicher Teilnachlaß
Laufzeit: 1811-1876
Umfang
- *gesamt*: 13 Kästen, 15 Bände
- *zu Afrika*: zahlreiche Manuskripte

Bestand erschlossen: ja
Inhalt des Bestandes: Korrespondenzen, Manuskripte, viele botanische und zoologische Zeichnungen; zu den Gebieten am Roten Meer zahlreiche Manuskripte zu Geographie, Tier- und Pflanzenwelt

Verwahrungsort: Staatsbibliothek Preußischer Kulturbesitz Haus 2, Handschriftenabteilung
Art des Nachlasses: Teilnachlaß
Laufzeit: 1814-1876
Umfang
- *gesamt*: 3 Kästen
- *zu Afrika*: keine Angaben

Bestand erschlossen: ja
Inhalt des Bestandes: Aufzeichnungen aus der Schulzeit, 6 Briefabklatsche, Zeugnisse, Urkunden und Begleitbriefe, Unterschriftenalbum, Embleme von einer Forschungsreise nach Nordafrika

Verwahrungsort: Institut für systematische Zoologie (HUB)
Art des Nachlasses: wissenschaftlicher Teilnachlaß
Laufzeit: 1820-1838
Umfang
- *gesamt*: 4 Mappen, 1 Heft, 5 Bände

- *zu Afrika*: keine Angaben
Bestand erschlossen: ja
Inhalt des Bestandes: Briefwechsel mit dem Museum, Beilagen, Reiseakten, Verzeichnisse, Handzeichnungen und Aquarelle, Aufsatz Lichtensteins

Besondere Hinweise: Weitere Schriften im Heimatmuseum Delitzsch.

Weitere Hinweise: GSNL I.153, II.101, III.209, Mommsen Nr. 855.

Emin Pascha (Schnitzer, Eduard) (1840-1892)

Region: Deutsch-Ostafrika (Sudan, Kongo)
Tätigkeit
  - *in Afrika*: Forschungsreisender: Expeditionen 1890, 1896 und 1900, Gouverneur der Äquatorialprovinz im Sudan
  - *außerhalb Afrikas*: Arzt und Forschungsreisender

Verwahrungsort: Bundesarchiv Berlin
Art des Nachlasses: Teilnachlaß
Laufzeit: 1840-1917
Umfang
  - *gesamt*: 0.05 m C
  - *zu Afrika*: ca. 7 von 13 Akteneinheiten
Bestand erschlossen: ja
Inhalt des Bestandes: Korrespondenzen, Personalpapiere, Fotos, Niederschriften in arabischer Schrift, Visitenkarten, Originalvertrag mit "Häuptlingen" in Deutsch-Ostafrika, Zeitungsausschnitte

Verwahrungsort: Institut für systematische Zoologie der Humboldt-Universität zu Berlin
Art des Nachlasses: kleiner Teilnachlaß
Laufzeit: 1890-1895
Umfang
  - *gesamt*: 1 Mappe
  - *zu Afrika*: keine Angaben

Bestand erschlossen: nein
Inhalt des Bestandes: Listen über nach Berlin verschickte Tiere, Briefe zu den Sendungen bzw. entsprechende Erwerbungsakten

Weitere Hinweise: GSNL II.104, III.215, Mommsen Nr. 884.

Erbkam, Georg Gustav (1811-1876)

Region: Ägypten
Tätigkeit
 - *in Afrika*: Architekt der Ägypten-Expedition unter Lepsius 1842-1845; Ägyptenreise 1869
 - *außerhalb Afrikas*: Landbaumeister, Bauinspektor und Baurat, u.a. Bau der Nationalgalerie zu Berlin (gemeinsam mit Strack, 1865-1875)

Verwahrungsort: Ägyptisches Museum und Papyrussammlung
Art des Nachlasses: Teilnachlaß
Laufzeit: 1842-1845
Umfang
 - *gesamt*: ca. 5 Tagbücher
 - *zu Afrika*: s. oben
Bestand erschlossen: nein
Inhalt des Bestandes: 3 Tagebücher mit schriftlichen Aufzeichnungn und 1 Tagebuch mit Zeichnungen von der Expedition; 2 kleine private Tagebücher von der Reise 1869

Besondere Hinweise: Die Tagebücher der Expedition befinden sich in Dauerleihgabe in der Berlin-Brandenburgischen Akademie der Wissenschaften, AV Altägyptisches Wörterbuch, Unter den Linden 8, 10117 Berlin, Tel. 20370 478, Fax 20370 467

Feder, Artur (1887-?)

Region: Marokko
Tätigkeit
- *in Afrika*: Vertreter des Mannesmann-Konzerns in Marokko
- *außerhalb Afrikas*: keine Angaben

Verwahrungsort: Bundesarchiv Berlin
Art des Nachlasses: überwiegend persönlicher Nachlaß
Laufzeit: 1930-1939
Umfang
- *gesamt*: 0,20 lfd. m (18 AE)
- *zu Afrika*: ein Großteil
Bestand erschlossen: ja
Inhalt des Bestandes: Korrespondenzen mit Frau und Kindern über die Übersiedlung der Familie nach Marokko sowie mit ausländischen Firmen über Aufträge und Vermittlung von Auslandsverbindungen; Lebensdokumente, Photographien

Fromm, Paul Ludwig-Theodor Johannes (1864-?)

Region: Deutsch-Ostafrika, Südwestafrika
Tätigkeit
- *in Afrika*: in der Schutztruppe in Deutsch-Ostafrika, später Südwestafrika, Forschungsreisender
- *außerhalb Afrikas*: Hauptmann d. R.

Verwahrungsort: Institut für systematische Zoologie (HUB)
Art des Nachlasses: Teilnachlaß
Laufzeit: 1907-1934
Umfang
- *gesamt*: 1 Mappe
- *zu Afrika*: fast die gesamte Mappe
Bestand erschlossen: nein

Inhalt des Bestandes: Korrespondenzen, bes. mit dem Museum, Listen von übersandten Objekten (auch ethnographischer Art), Tagebuch über Ostafrika-Exkursion, 2 Karten, Lebenslauf

Gruner, Hans (1865-1934)

Region: Westafrika
Tätigkeit
- *in Afrika*: Gründung der Forschungsstation Misahöhe in Togo (1892), Leiter der Togo-Hinterlandsexpedition (1894/95), dann Bezirksamtmann in Misahöhe
- *außerhalb Afrikas*: keine Angaben

Verwahrungsort: Staatsbibliothek Preußischer Kulturbesitz Haus 2, Handschriftenabteilung
Art des Nachlasses:
Laufzeit: 1890-1944
Umfang
- *gesamt*: 25 Kästen, 2 Mappen, 2 große Kapseln
- *zu Afrika*: keine Angaben
Bestand erschlossen: ja
Inhalt des Bestandes: Korrespondenzen, Lebensdokumente, Tagebücher, Photos aus Togo, Kamerun, Nigeria, Dahome, Liberia und der Goldküste, Verwaltungsunterlagen, Manuskripte, Aufzeichnungen, Exzerpte, Karten und Drucksachen

Besondere Hinweise: Ein Teil des Nachlasses befand sich zuvor im Bundesarchiv in Potsdam, ein Teil im Nachlaß von Joachim Heinrich Schultze im Haus 2 der Staatsbibliothek Preußischer Kulturbesitz
Weitere Hinweise: Denecke/Brandis S. 122.

Hintze, Fritz (1915-1993)

Region: Ägypten, evt. weitere
Tätigkeit
- *in Afrika*: Forschungsreisender
- *außerhalb Afrikas*: Professor für Ägyptologie (Meroistik und Sudanarchäologie) in Berlin, 1953 Direktor des Seminars für Afrikanische Sprachen (HUB), 1956 Direktor des Instituts für Orientforschung der Akademie der Wissenschaften, 1957 Direktor des Instituts für Ägyptologie

Verwahrungsort: Berlin-Brandenburgische Akademie der Wissenschaften
Art des Nachlasses: ein Großteil als echter Nachlaß übergeben von der Lebensgefährtin; ein kleiner Teil vom ägyptischen Museum erhalten
Laufzeit: keine Angaben
Umfang
- *gesamt*: 3,5 lfd. m.
- *zu Afrika*: keine Angaben
Bestand erschlossen: provisorisch
Inhalt des Bestandes: persönliche Dokumente und Unterlagen; Gratulationsschreiben, Photographien von Hintze, Manuskripte (u.a. zu Vorlesungen), Arbeitsmaterialien, Tagebücher, Abschriften koptischer Papiere, Korrespondenzen, Urkunden

Hölscher, Wilhelm (1912- um 1943, vermißt)

Region: Ägypten
Tätigkeit
- *in Afrika*: Forschungsreise (1938/39), Beamter des Deutschen Archäologischen Instituts in Kairo (1939 ff.)
- *außerhalb Afrikas*: Ägyptologe

Verwahrungsort: Deutsches Archäologisches Institut
Art des Nachlasses:
Laufzeit: um 1940
Umfang

- *gesamt*: 1 Kiste
- *zu Afrika*: keine Angaben

Bestand erschlossen: grob erfaßt
Inhalt des Bestandes: 25 Briefe, Karten, Telegramme zur Verlobung 1940, 1 Notizbuch, Notizzettel, Kartei zu ägyptologischen Arbeiten

Huch (geb. Schlieben), Edith (1913-?)

Region: Tanganyika
Tätigkeite
- *in Afrika*: Forschungsreise mit ihrem Bruder (1930-1932)
- *außerhalb Afrikas*: keine Angaben

Verwahrungsort: Botanischer Garten und Botanisches Museum Berlin-Dahlem
Art des Nachlasses: Bruchstücke
Laufzeit: 1930-1932
Umfang
- *gesamt*: s. Inhalt
- *zu Afrika*: entsprechend

Bestand erschlossen: ja
Inhalt des Bestandes: "Habari gani?" - zweijährige Fuß-Safari durch das südliche Ost-Afrika, das heutige Tansania, in den Jahren 1930-1932, zur Erforschung der Vegetation. 138 S., 1 Karte, 4 sw. Fotos; Typoskript 1988: Erlebnisbericht der Forschungsreise mit ihrem Bruder, dem Botaniker Hans-Joachim Schlieben (1902-1975), Korrespondenz mit der Direktion des BGBM

Jacob, ? (nach 1850)

Region: Südwestafrika und Kamerun
Tätigkeit
- *in Afrika*: Offizier

- *außerhalb Afrikas*: Offizier

Verwahrungsort: Institut für systematische Zoologie (HUB)
Art des Nachlasses: Bruchstücke
Laufzeit: 1903-1922
Umfang
- *gesamt*: 1 Mappe und 1 handgeschriebenes Buch
- *zu Afrika*: entsprechend
Bestand erschlossen: nein
Inhalt des Bestandes: Korrespondenzen (mit Matschie), Routenaufnahmebuch bzgl. Kamerun von 1903/04 (handgeschrieben), Rechnungen und Listen

Junker, Wilhelm (1840-1892), Pseudonym Wassilij Wassiljowitsch

Region: keine Angaben
Tätigkeit
- *in Afrika*: Forschungsreisender
- *außerhalb Afrikas*: keine Angaben

Verwahrungsort: Bundesarchiv Berlin
Art des Nachlasses: Bruchstücke
Laufzeit: 1883-1891
Umfang
- *gesamt*: 0,01 lfd. m
- *zu Afrika*: keine Angaben
Bestand erschlossen: ja
Inhalt des Bestandes: 7 Briefe (u.a. von A. Bastian u. F. Lugard)

Weitere Hinweise: GSNL II.239, Mommsen Nr. 1902.

Kadach, Carl August (1851-1912)

Region: Südafrika
Tätigkeit
- *in Afrika*: Missionar (1877-1912)
- *außerhalb Afrikas*: Sattlergeselle

Verwahrungsort: Archiv des Berliner Missionswerkes
Art des Nachlasses: Abschrift
Laufzeit: 1877-1903
Umfang
- *gesamt*: 1 Mappe
- *zu Afrika*: s. oben
Bestand erschlossen: grob erfaßt
Inhalt des Bestandes: Tagebücher

Besondere Hinweise: Abschrift eines in Südafrika offenbar durch Prof. Dr. August Hesse, Dozent der Univ. v. Südafrika in Pretoria, vorgefundenen Originals; 1970 durch Dir. Hollm aus Südafrika mitgebracht; zusammen mit den Tagebüchern von Otto Posselt in einer Mappe

Kayser, Paul (1845-1898)

Region: Deutsch-Ostafrika
Tätigkeit
- *in Afrika*: Dienstreise (1892)
- *außerhalb Afrikas*: Jurist, Direktor der Kolonialabteilung im Auswärtigen Amt (1890-1896), Senatspräsident beim Reichsgericht (1896-1898)

Verwahrungsort: Bundesarchiv Berlin
Art des Nachlasses: Teilnachlaß
Laufzeit: 1876-1898
Umfang
- *gesamt*: 0.25 lfd. m (88 AE)
- *zu Afrika*: ca. 45 AE

Bestand erschlossen: ja
Inhalt des Bestandes: Korrespondenzen (in vielen Fällen mit Personen in Afrika), Lebendokumente (1885-1889), Manuskripte, Berichts- und Vertragsabschriften bzw. -entwürfe, Bericht Kaysers an den Reichskanzler über seine Reise nach Deutsch-Ostafrika und Sansibar (August 1892) sowie das zweibändige Tagebuch dieser Reise, Zeiungsausschnitte

Weitere Hinweise: Denecke/Brandis S. 181, Mommsen Nr. 1944.

Knaak, Siegfried (1875-1955)

Region: Süd- und Ostafrika
Tätigkeit
- *in Afrika*: 2 Visitationsreisen (1828/29)
- *außerhalb Afrikas*: Theologe, Pastor, Missionsdirektor des Berliner Missionswerkes (1921-1949)

Verwahrungsort: Archiv des Berliner Missionswerkes
Art des Nachlasses: echter, dienstlicher Nachlaß
Laufzeit: ca. 1910-1955
Umfang
- *gesamt*: 9 Kisten
- *zu Afrika*: 2-3 Kisten
Bestand erschlossen: grob erfaßt
Inhalt des Bestandes: Korrespondenzen, Manuskripte zu Vorträgen und Veröffentlichungen (u.a. Missionsgeschichte Südafrikas), Reisetagebücher, Notizbücher

Kittlitz, Friedrich Heinrich Freiherr von (1799-1874)

Region: nordöstliches Afrika
Tätigkeit
- *in Afrika*: Forschungsreisender

- *außerhalb Afrikas*: keine Angaben

Verwahrungsort: Institut für systematische Zoologie (HUB)
Art des Nachlasses: Bruchstücke
Laufzeit: 1830-1844
Umfang
  - *gesamt*: 21 Briefe, 2 Listen
  - *zu Afrika*: keine Angaben
Bestand erschlossen: ja
Inhalt des Bestandes: Korrespondenz, u.a. mit dem Museum

Koch, Robert (1834-1910)

Region: Ägypten, Deutsch-Ostafrika, Südafrika
Tätigkeit
  - *in Afrika*: Forschungen über Infektionskrankheiten
  - *außerhalb Afrikas*: Arzt, Bakteriologe, Begründer der Bakteriologie und des Instituts für Infektionskrankheiten (heutiges Robert Koch-Institut) in Berlin (1891)
Verwahrungsort: Robert Koch-Institut
Art des Nachlasses: Teilnachlaß (gespalten, s. unten)
Laufzeit: ca. 1854-1939
Umfang
  - *gesamt*: nicht schätzbar
  - *zu Afrika*: ca. 800 Briefe, zahlreiche Fotoplatten
Bestand erschlossen: derzeit über DFG-Projekt in Bearbeitung (vorraussichtlich bis April 1998)
Inhalt des Bestandes: Korrespondenzen, Lebensdokumente (Studienbücher und Zeugnisse), Fotoglasplatten und -positive

Verwahrungsort: Institut für Mikrobiologie und Hygiene (HUB)
Art des Nachlasses: Teilnachlaß
Laufzeit: ca. 1870-1910
Umfang
  - *gesamt*: keine Angaben

- *zu Afrika*: keine Angaben
Bestand erschlossen: derzeit in Bearbeitung (s. oben)
Inhalt des Bestandes: primär Lebensdokumente (u.a. Urkunden) und sonstige private Unterlagen

Weitere Hinweise: GSNL II.254.

Krebs, Ludwig (1795-1844)

Region: südliches Afrika, Kapland
Tätigkeit
- *in Afrika*: Sammler zoologischen Materials
- *außerhalb Afrikas*: keine Angaben

Verwahrungsort: Institut für systematische Zoologie (HUB)
Art des Nachlasses: Teilnachlaß
Laufzeit: 1820-1844
Umfang
- *gesamt*: 6 Mappen
- *zu Afrika*: entsprechend
Bestand erschlossen: ja
Inhalt des Bestandes: Korrespondenzen, Quittungen, Eingangsverzeichnisse

Besondere Hinweise: Vorläufige Karte und Liste von Funddaten bei Nachlaß Erwin Stresemann (1889-1972), Institut für systematische Zoologie.

Krencker, Daniel (1874-1941)

Region: Nordafrika
Tätigkeit
- *in Afrika*: Forschungsreisender für Bauhistorik

- *außerhalb Afrikas*: Architekt, Baumeister, Professor für Baugeschichte, bauhistorische Expeditionen

Verwahrungsort: Deutsches Archäologisches Institut
Art des Nachlasses: echter Nachlaß
Laufzeit: 1899-1935
Umfang
- *gesamt*: 8 Kästen
- *zu Afrika*: wenige Skizzen- bzw. Reisetagebücher, Fotos

Bestand erschlossen: ja
Inhalt des Bestandes: Tagebücher, 1 Skizzenhandbuch Algerienreise 1913, weitere Skizzenbücher von weiteren Reisen, Korrespondenzen, Fotos und Postkarten, Manuskripte

Weitere Hinweise: Denecke/Brandis S. 200, Mommsen Nr. 2096.

Kühnel, Ernst (1882-1964)

Region: Nordafrika
Tätigkeit
- *in Afrika*: Gastprofessor der Universität Kairo (1936-1938; 1948/49), Forschungsreisen
- *außerhalb Afrikas*: Kunsthistoriker, Archäologe, Professor für Islamische Kunstgeschichte, Museumsdirektor in Berlin

Verwahrungsort: Deutsches Archäologisches Institut
Art des Nachlasses: wissenschaftlicher Teilnachlaß
Laufzeit: 1937-1976
Umfang
- *gesamt*: mehrere Kästen
- *zu Afrika*: keine Angaben

Bestand erschlossen: ja
Inhalt des Bestandes: Korrespondenzen, Manuskripte, Notizbücher mit Fundlisten, Grabungsbücher, Tagebücher (1937-1966), Fotos und Dias (u.a.

Kairo: Empfang im dortigen Deutschen Archäologischen Institut), Sonderdrucke, Bibliographie

Besondere Hinweise: 11 Mappen mit Sonderdrucken 1972 an das Völkerkundemuseum in Dahlem, Islamische Abteilung

Weitere Hinweise: Denecke/Brandis S. 204.

Lenz, Oskar (1848-1925)

Region: West- und Nordafrika (u.a. westliche Sahara), Kongo bis Ostküste
Tätigkeit
- *in Afrika*: Forschungsreisender (historisch-geographisch)
- *außerhalb Afrikas*: Geologe

Verwahrungsort: Staatsbibliothek Preußischer Kulturbesitz Haus 2, Handschriftenabteilung
Art des Nachlasses: Teilnachlaß
Laufzeit: 1847, 1857-1912
Umfang
- *gesamt*: 4 Kästen
- *zu Afrika*: 2-3 Kästen
Bestand erschlossen: ja
Inhalt des Bestandes: Korrespondenzen, Lebensdokumente, Rechnungen, arabische Schriftstücke, Manuskripte und Berichte (vielfach afrikabezogen), Skizzen- und Tagebücher von Afrika-Reisen (u.a. "Reise ins Innere Afrikas 1847-48"), Fotos, Karten

Besondere Hinweise: Weiterer Nachlaßteil in Krakow.

Weitere Hinweise: Denecke S. 217, GSNL I.385.

Lepsius, Richard (1810-1884)

Region: Ägypten und Äthiopien
Tätigkeit
- *in Afrika*: ägyptologische Forschungen, Reisen bzw. Expeditionen
- *außerhalb Afrikas*: Ägyptologe, Direktor des Ägyptischen Museums, Oberbibliothekar der Königlichen Bibliothek, Präsident des Deutschen Archäologischen Instituts (1867-1880)

Verwahrungsort: Staatsbibliothek Preußischer Kulturbesitz Haus 1, Handschriftenabteilung
Art des Nachlasses: Teilnachlaß
Laufzeit: keine Angaben
Umfang
- *gesamt*: 1 Kapsel
- *zu Afrika*: keine Angaben
Bestand erschlossen: ja
Inhalt des Bestandes: Korrespondenzen (185 Briefe an Lepsius), 1 Karte, 10 Beilagen, 1 Abschrift, 2 Zettel, 1 Abbildung

Verwahrungsort: Staatsbibliothek Preußischer Kulturbesitz Haus 2, Handschriftenabteilung
Art des Nachlasses: wissenschaftlischer Teilnachlaß
Laufzeit: 1837-1883
Umfang
- *gesamt*: 3 Mappen
- *zu Afrika*: fast alles in den Mappen
Bestand erschlossen: ja
Inhalt des Bestandes: Zeichnungen ägyptischer Altertümer, Sammlung ägyptischer Texte und Inschriften, einzelne Briefe, Berichte betreffs der Königlichen Bibliothek, Berichte über Bibliotheksreisen

Verwahrungsort: Deutsches Archäologisches Institut
Art des Nachlasses: Teilnachlaß
Laufzeit: 1833-1871
Umfang

- *gesamt*: 2 Kästen
- *zu Afrika*: keine Angaben
Bestand erschlossen: ja
Inhalt des Bestandes: Korrespondenzen, besonders mit der Familie; Druckschriften

Verwahrungsort: Ägyptisches Museum und Papyrussammlung
Art des Nachlasses: Teilnachlaß
Laufzeit: 1842-1845
Umfang
- *gesamt*: ca. 1 Kasten
- *zu Afrika*: keine Angaben
Bestand erschlossen: nein
Inhalt des Bestandes: 3 große Tagebücher und 10 kleine Notizbücher zur Preußischen Expedition nach Ägypten und Äthiopien (1842-1945); weitere Tagebücher konnten nicht eingesehen werden

Verwahrungsort: Institut für systematische Zoologie (HUB)
Art des Nachlasses: einzelne Briefe
Laufzeit: 1843-1847
Umfang
- *gesamt*: 1 Mappe
- *zu Afrika*: wohl sämtliche Unterlagen
Bestand erschlossen: ja
Inhalt des Bestandes: Korrespondenzen (21 Briefe), Eingangsverzeichnisse

Besondere Hinweise: Die Tagebücher der Expedition befinden sich in Dauerleihgabe in der Berlin-Brandenburgischen Akademie der Wissenschaften, AV Altägyptisches Wörterbuch, Unter den Linden 8, 10117 Berlin, Tel. 20370 478, Fax 20370 467; Anmeldung erforderlich

Weitere Hinweise: Denecke/Brandis S. 218, GSNL I.45a, III.542, Mommsen Nr. 2220.

Lichtenstein, Martin Heinrich Karl (1780-1857)

Region: Südafrika
Tätigkeit
- *in Afrika*: 1804 Arzt und Naturforscher in Kapstadt, Reisender
- *außerhalb Afrikas*: Professor für Zoologie an der Universität Berlin, Direktor des zoologischen Museums in Berlin (jetziges Museum für Naturkunde)

Verwahrungsort: Staatsbibliothek Preußischer Kulturbesitz Haus 2, Handschriftenabteilung
Art des Nachlasses: Teilnachlaß
Laufzeit: 1786-1827
Umfang
- *gesamt*: 21 Bände, 1 Kapsel
- *zu Afrika*: ein Großteil der Bände
Bestand erschlossen: ja
Inhalt des Bestandes: Korrespondenzen, Memoranda, Reiseberichte, Berichte des Generalgouverneurs (Kap) 1804/05, meteorologische Tagebücher, Verzeichnis der in Südafrika gesammelten Pflanzen

Verwahrungsort: Institut für systematische Zoologie (HUB)
Art des Nachlasses: Teilnachlaß
Laufzeit: 1810-1857
Umfang
- *gesamt*: 10 Mappen
- *zu Afrika*: keine Angaben
Bestand erschlossen: ja
Inhalt des Bestandes: Korrespondenzen, Quittungen, Eingangsverzeichnisse, Skizzen, Berichte von Forschungsreisenden

Weitere Hinweise: Denecke/Brandis S. 221, GSNL II.281, Mommsen Nr. 6214

Littmann, Ludwig Richard Enno (1875-1958)

Region: Ägypten, Äthiopien
Tätigkeit
- *in Afrika*: Expedition nach Äthiopien (1905/05), Gastvorlesungen in Kairo (1921-1949)
- *außerhalb Afrikas*: Orientalist, Professor für Orientalistik in Berlin, Expeditionen nach Kleinasien, Mitarbeiter der Kartographischen Abteilung des Generalstabs im Ersten Weltkrieg

Verwahrungsort: Staatsbibliothek Preußischer Kulturbesitz Haus 2, Handschriftenabteilung
Art des Nachlasses: vollständiger wissenschaftlicher Nachlaß
Laufzeit: 1893-1958
Umfang
- *gesamt*: 121 Kästen, 1 Kiste, 2 Rollen, 3 Mappen
- *zu Afrika*: keine Angaben
Bestand erschlossen: ja
Inhalt des Bestandes: Korrespondenzen, Expeditionstagebücher und -notizbücher (u.a. Äthiopienexpedition), Lebensdokumente, Fotos und Dias (u.a. von Reisen), Sammlung orientalischer Handschriften, Münzen, Manuskripte, Arbeitsmaterialien und gedruckte Veröffentlichungen, Nachrufe und Gedenkartikel

Besondere Hinweise: Einige vorwiegend persönliche Nachlaßmaterialien verblieben bei den Erben.

Weitere Hinweise: GSNL II.288.

Luschan, Felix von (1864-1924)

Region: West-, Ost- und Südafrika
Tätigkeit
- *in Afrika*: Völkerkundler, Forschungsreisender

- *außerhalb Afrikas*: Völkerkundler, Forschungsreisender, Museumsdirektor in Berlin

Verwahrungsort: Staatsbibliothek Preußischer Kulturbesitz Haus 2, Handschriftenabteilung
Art des Nachlasses: Teilnachlaß
Laufzeit: 1876-1922
Umfang
 - *gesamt*: 66 Kästen
 - *zu Afrika*: keine Angaben
Bestand erschlossen: ja
Inhalt des Bestandes: Korrespondenzen, Manuskripte, Arbeitsmaterialien, Karten (u.a. Libyen), Tagebuch, Aufzeichnungen, Afrika-Kiste und -Fotos, Sonderdrucke, Druckfahnen und Korrekturbögen (u.a. Rezensionen), Personalpapiere, Zeitungsausschnitte

Weitere Hinweise: Denecke/Brandis S. 229, GSNL I.404.

Meister, Richard Carl (1848-1912)

Region: Ägypten
Tätigkeit
 - *in Afrika*: 1 Reise
 - *außerhalb Afrikas*: Philologe (bes. griech. Dialekte), Lehrer und Rektor an der Nikolaischule in Leipzig

Verwahrungsort: Berlin-Brandenburgische Akademie der Wissenschaften
Art des Nachlasses: Restnachlaß
Laufzeit: 1885-1912
Umfang
 - *gesamt*: 0,1 lfd. m
 - *zu Afrika*: nichts ersichtlich
Bestand erschlossen: ja
Inhalt des Bestandes: Korrespondenzen, Manuskripte, Arbeitsmaterialien, 1 Photographie, Entwurf eines Rundbriefes, Sonderdrucke

Meyer, Eduard (1855-1930)

Region: Ägypten
Tätigkeit
- *in Afrika*: 1 Reise (1925/26)
- *außerhalb Afrikas*: Altertumswissenschaftler, Professor und Universitätsdirektor in Berlin

Verwahrungsort: Berlin-Brandenburgische Akademie der Wissenschaften
Art des Nachlasses: echter Teilnachlaß
Laufzeit: 1860-1931
Umfang
- *gesamt*: 8 lfd. m
- *zu Afrika*: wenige Manuskripte, Unterlagen zu oben genannter Reise
Bestand erschlossen: ja
Inhalt des Bestandes: biographisches Material, u.a. Tagebücher, Urkunden, Vorlesungsnachschriften; Arbeitsmaterialien, Manuskripte zu Vorlesungen, Vorträgen und Seminaren; Unterlagen zu Meyers Auslandsreisen, zu seiner Tätigkeit als Rektor und Hochschullehrer, zu seiner Mitarbeit in Gesellschaften und Kommissionen; Korrespondenzen, provenienzfremdes Familienschrift- und Sammlungsgut

Weitere Hinweise: Denecke/Brandis S.244.

Mildbread, Johannes (1879-1954)

Region: Zentralafrika, Kamerun
Tätigkeit
- *in Afrika*: botanische Forschungsreisen (1907/08, 1910-1912, 1913/14, 1928)
- *außerhalb Afrikas*: Botaniker am Botanischen Garten und Botanischen Museum Berlin-Dahlem

Verwahrungsort: Botanischer Garten und Botanisches Museum Berlin-Dahlem

Art des Nachlasses: wissenschaftlicher Teilnachlaß
Laufzeit: 1951-1954 bzgl. Korrespondenz
Umfang
  - *gesamt*: s. unten
  - *zu Afrika*: das gesamte Material
Bestand erschlossen: nein
Inhalt des Bestandes: botanische Manuskripte zur Vegetation und Flora von Afrika (c. 0,5 m), Fotos, AETFAT (Association pour l'Étude Taxonomique de la Flore d'Afrique Tropical)-Korrespondenz (1 Ordner, 1951-1954)

Nachtigal, Gustav (1834-1885)

Region: Westafrika, Tunesien, Algerien
Tätigkeit
  - *in Afrika*: Forschungsreisender, Generalkonsul in Tunis
  - *außerhalb Afrikas*: Arzt

Verwahrungsort: Staatsbibliothek Preußischer Kulturbesitz Haus 2, Handschriftenabteilung
Art des Nachlasses: Teilnachlaß
Laufzeit: 1828-1884
Umfang
  - *gesamt*: 21 Kästen
  - *zu Afrika*: keine Angaben
Bestand erschlossen: ja
Inhalt des Bestandes: Korrespondenzen (u.a. Association Internationale Africaine Bruxelles), Manuskripte, Reisetagebücher, geographische Tabellen, Skizzen und Karten von seinen Reisen, Vorlesungsnachschriften, Sprachübungen, Fotos, Urkunden

Weitere Hinweise: Denecke/Brandis S.258, GSNL I.451, II.332, III.631, Mommsen Nr. 2634.

Neuhauss, Richard (1855-1915)

Region: Ostafrika (?)
Tätigkeit
- *in Afrika*: Anthropologe, Forschungsreisender
- *außerhalb Afrikas*: Mediziner, Anthropologe, Forschungsreisender

Verwahrungsort: Staatsbibliothek Preußischer Kulturbesitz Haus 2, Handschriftenabteilung
Art des Nachlasses:
Laufzeit: 1877-1913
Umfang
- *gesamt*: 14 Bände, 3 Kisten, 7 große Mappen
- *zu Afrika*: keine Angaben
Bestand erschlossen: ja
Inhalt des Bestandes: Manuskripte, Druckwerke, Familienchronik, Sammlung seiner Abhandlungen, Bilder

Weitere Hinweise: Denecke/Brandis S. 261, GSNL I.455.

Neumann, Oskar (?)

Region: Deutsch-Ostafrika, Zentralafrika
Tätigkeit
- *in Afrika*: Forscher
- *außerhalb Afrikas*: Zoologe (?)

Verwahrungsort: Institut für systematische Zoologie (HUB)
Art des Nachlasses: Bruchstücke
Laufzeit: 1892-1940
Umfang
- *gesamt*: 1 Mappe, 1 Buch von Briefen (gebunden)
- *zu Afrika*: das gesamte Material
Bestand erschlossen: nein

Inhalt des Bestandes: Korrespondenzen, Sammellisten, Karten von Ost- und Zentralafrika, Exzerpte (aus seinem Buch über afrikanische Säugetiere), Briefabschriften, zu einem Buch gebundene Briefe an Matschie und Eltern "Briefe aus DOA" (1892-1894, u.a. Reisebeschreibungen)

Niebuhr, Carsten (1733-1815)

Region: Nordafrika (?)
Tätigkeit
- *in Afrika*: Forschungsreisender
- *außerhalb Afrikas*: Kapitän zur See (Offizier), Justizrat u. Landschreiber in Meldorf, Geograph und Reiseschriftsteller, Forschungsreisender in Arabien

Verwahrungsort: Berlin-Brandenburgische Akademie der Wissenschaften
Art des Nachlasses: Teilnachlaß
Laufzeit: 1758-1809
Umfang
- *gesamt*: 1 Kasten
- *zu Afrika*: einige Manuskripte
Bestand erschlossen: provisorisch
Inhalt des Bestandes: Korrespondenzen, Manuskripte

Weitere Hinweise: Denecke/Brandis S. 262, Mommsen Nr. 2664.

Peters, Carl (1856-1918)

Region: Deutsch-Ostafrika
Tätigkeit
- *in Afrika*: "Gründer" von Deutsch-Ostafrika (1884/85), Reichskommissar in Deutsch-Ostafrika (1891-1893), Leiter der Emin Pascha-Expedition (1898-1890)

- *außerhalb Afrikas*: Kolonialpolitiker, Gründer der Gesellschaft für deutsche Kolonisation (später Deutsche Ostafrika-Gesellschaft), 2. Vorsitzender der Deutschen Kolonialgesellschaft (1888-1896)

Verwahrungsort: Bundesarchiv Berlin
Art des Nachlasses: echter Nachlaß
Laufzeit: 1875-1918
Umfang
- *gesamt*: 0,8 lfd. m (109 AE)
- *zu Afrika*: umfangreich

Bestand erschlossen: ja
Inhalt des Bestandes: Korrespondenzen (amtlich und persönlich, besonders mit seinen Geschwistern und seiner Mutter), Berichte über Tätigkeit in Afrika, u.a. Expeditionstagebücher und Vertragsabschlüsse in Afrika, Fotos, Korrespondenzen und Druckmaterial zum Petersprozeß 1907, Manuskripte für Veröffentlichungen, persönliche Unterlagen, Familienarchiv Peters, Zeitungsartikel

Weitere Hinweise: Denecke/Brandis S. 276, Mommsen Nr. 2790.

Peters, Wilhelm Karl Hartwig (1815-1883)

Region: Südliches Afrika
Tätigkeit
- *in Afrika*: zoologische Forschungsreisen
- *außerhalb Afrikas*: Zoologe, Forschungsreisender, Direktor des Zoologischen Museums

Verwahrungsort: Institut für systematische Zoologie (HUB)
Art des Nachlasses: Teilnachlaß
Laufzeit: 1843-1847
Umfang
- *gesamt*: 1 Mappe
- *zu Afrika*: die gesamte Mappe

Bestand erschlossen: ja

Inhalt des Bestandes: Reisenotizen und Handzeichnungen, Tagebuch, 22 Briefe und Listen
Besondere Hinweise: Reiseakten im Staatsarchiv Merseburg.

Weitere Hinweise: GSNL II.354.

Pfeil (und Klein-Ellguth), Joachim Graf von (1857-1924)

Region: Ost- und südliches Afrika, auch Kamerun und Marokko
Tätigkeit
- *in Afrika*: Farmer in Südafrika (1873-1883), Mitglied der C. Peters'schen Kolonial-"Erwerbungs"-Expedition nach Deutsch-Ostafrika (1884/85), ethnologische Forschungen
- *außerhalb Afrikas*: Kolonialpolitiker, Mitbegründer der Deutsch-Ostafrikanischen Gesellschaft, Schriftsteller, Forschungsreisender

Verwahrungsort: Bundesarchiv Berlin
Art des Nachlasses: umfangreicher Nachlaß
Laufzeit: 1873-1921
Umfang
- *gesamt*: 1,40 lfd. m (190 AE)
- *zu Afrika*: ca. 150 AE
Bestand erschlossen: ja
Inhalt des Bestandes: Korrespondenzen (u.a. mit Deutscher Rufuji-Baumwollgesellschaft, Briefe der Deutsch-Marokkanischen Gesellschaft und der Afrikanischen Kompani A.G.), Reise- und Landesbeschreibungen, Tagebücher von Forschungsreisen (1887-1910), Briefkopialbücher (besonders von Forschungsreisen 1886-1921), Skizzenbücher aus der Südsee (1888) und Ostafrika (1891), Manuskripte, Fotos, Zeitungsausschnitte, Karten

Weitere Hinweise: Mommsen Nr. 2805.

Posselt, Otto (1850-nach 1924)

Region: Südafrika
Tätigkeit
- *in Afrika*: Missionar (1875-?)
- *außerhalb Afrikas*: keine Angaben, 1885 nach Nordamerika ausgewandert

Verwahrungsort: Archiv des Berliner Missionswerkes
Art des Nachlasses: Abschrift
Laufzeit: 1877-1884
Umfang
- *gesamt*: 1 Mappe
- *zu Afrika*: s. oben
Bestand erschlossen: groß erfaßt
Inhalt des Bestandes: Tagebücher

Besondere Hinweise: Abschrift eines in Südafrika offenbar vorgefundenen Originals durch Prof. Dr. August Hesse, Dozent der Univ. v. Südafrika in Pretoria; 1970 durch Dir. Hollm aus Südafrika mitgebracht

Puttkammer, Jesco von (1855-1917)

Region: Togo, Kamerun
Tätigkeit
- *in Afrika*: Kommissar für Togo (1890-1895), Gouverneur von Kamerun (1895-1907)
- *außerhalb Afrikas*: Kolonialpolitiker (1890-1907)

Verwahrungsort: Bundesarchiv Berlin
Art des Nachlasses: Geschäftsnachlaß aus kolonialpolitischer Tätigkeit
Laufzeit: 1889-1912
Umfang
- *gesamt*: 0,10 lfd. m (11 AE)
- *zu Afrika*: keine Angaben

Bestand erschlossen: ja
Inhalt des Bestandes: Korrespondenzen (persönliche und amtliche, u.a. mit afrikanischen Pflanzungsgesellschaften 1905-1907), Berichte in seiner Funktion als Kommissar bzw. Gouverneur, Urlaubsbewilligung des Auswärtigen Amtes (1897), Unterlagen zur deutschen Kolonialpolitik, Erklärung Puttkammers zum Disziplinarverfahren gegen ihn (1906/07), Zeitungsausschnitte (1906-1912)
Weitere Hinweise: Mommsen 2922.

Reiter, Bernhard (1894-?)

Region: keine Angaben
Tätigkeit
- *in Afrika*: Teilnahme an einer Forschungsexpedition 1912
- *außerhalb Afrikas*: Forschungsreisender (Südamerika 1909/10), Schriftsteller, Mitglied des Freikorpsbataillons Amberg, Vortragstätigkeit im Rahmen des Schutz- und Trutzbundes über Juden- und Wirtschaftsfragen, Mitglied der NSDAP (1920-27), Tätigkeit für Stahlhelm-Bundesamt (1828/29)

Verwahrungsort: Bundesarchiv Berlin
Art des Nachlasses: Teilnachlaß
Laufzeit: keine Angaben
Umfang
- *gesamt*: 0,03 lfd. m (2 AE)
- *zu Afrika*: nichts ersichtlich
Bestand erschlossen: ja
Inhalt des Bestandes: Manuskripte und Korrespondenzen (v.a. über Wiederaufnahme in die NSDAP)

Reuter, Friedrich Ludwig (1848-1940)

Region: Südafrika
Tätigkeit
- *in Afrika*: Missionar (1880-1928), danach in Südafrika im Ruhestand lebend
- *außerhalb Afrikas*: Landwirt

Verwahrungsort: Archiv des Berliner Missionswerkes
Art des Nachlasses: Teilnachlaß
Laufzeit: ca. 1890-1894
Umfang
- *gesamt*: 1 Mappe
- *zu Afrika*: s. oben
Bestand erschlossen: grob erfaßt
Inhalt des Bestandes: 2 von 3 Bänden seines Manuskripts "Zu uns komme Dein Reich" (Tagebuch bzw. Bericht von 556 Seiten)

Besondere Hinweise: zahlreiche Tagebücher und Berichte noch in Aktenbeständen vorhanden (u.a. in Stationsakten)

Rodenwaldt, Gerhart (1886-1945)

Region: Ägypten
Tätigkeit
- *in Afrika*: 1 Studienreise
- *außerhalb Afrikas*: Archäologe, Philologe, Professor für Archäologie in Gießen und Berlin, Direktor des Deutschen Archäologischen Instituts (1922-1932)

Verwahrungsort: Deutsches Archäologisches Institut
Art des Nachlasses: umfassender Teilnachlaß
Laufzeit: 1909-1944
Umfang
- *gesamt*: 17 Kästen

- *zu Afrika*: gering
Bestand erschlossen: ja
Inhalt des Bestandes: Korrespondenzen, Notizbücher (überwiegend Museumsnotizen), Persönliches, Unterlagen zu beruflichen Tätigkeiten (Mitgliedschaften, Studienreisen), wissenschaftliche Unterlagen, u.a. Notizen, Manuskripte, Zeitungsartikel, Druckschriften, Fotos

Verwahrungsort: Staatsbibliothek Preußischer Kulturbesitz Haus 2, Handschriftenabteilung
Art des Nachlasses: Teilnachlaß
Laufzeit: 1925-1945
Umfang
- *gesamt*: 9 Kästen mit 728 Mappen
- *zu Afrika*: nichts (soweit im Findbuch erkennbar)
Bestand erschlossen: ja
Inhalt des Bestandes: Korrespondenzen, Notizen, Arbeitsmaterialien, besonders zu seiner Tätigkeit am Deutschen Archäologischen Institut, Zeichnungen, Fotos, Persönliches (auch von seiner Frau Jane), Rechnungen, Glückwünsche u.a. Varia, Drucksachen

Weitere Hinweise: Denecke/Brandis S. 305, Mommsen Nr. 3094.

Roehl, Karl (1870-1951)

Region: Ostafrika
Tätigkeit
- *in Afrika*: Sprachwissenschaftler
- *außerhalb Afrikas*: Theologe, Afrikaforscher, Sprachwissenschaftler

Verwahrungsort: Staatsbibliothek Preußischer Kulturbesitz Haus 1, Handschriftenabteilung
Art des Nachlasses: Teilnachlaß
Laufzeit: keine Angaben
Umfang
- *gesamt*: 5 Kisten

- *zu Afrika*: keine Angaben
Bestand erschlossen: nein
Inhalt des Bestandes: u.a. Material zu einem Swahili-Wörterbuch
Besondere Hinweise: nicht verfügbar (!)

Rüppell, Eduard (1794-1884)

Region: nordöstliches Afrika
Tätigkeit
 - *in Afrika*: Naturforscher und Reisender
 - *außerhalb Afrikas*: Naturforscher

Verwahrungsort: Institut für systematische Zoologie (HUB)
Art des Nachlasses: Teilnachlaß
Laufzeit: 1822-1872
Umfang
 - *gesamt*: 1 Mappe
 - *zu Afrika*: keine Angaben
Bestand erschlossen: ja
Inhalt des Bestandes: 19 Briefe, 3 Listen, 1 Begleitblatt

Saint Paul-Illaire, Walter von ("Afrikanus") (1860-1940)
(Le Tanneux von Saint Paul-Illaire)

Region: Deutsch-Ostafrika
Tätigkeit
 - *in Afrika*: Bezirksamtmann von Tanga
 - *außerhalb Afrikas*: Direktor der Ostafrika-Kompagnie Berlin

Verwahrungsort: Bundesarchiv Berlin
Art des Nachlasses: Teilnachlaß
Laufzeit: 1885-1940

Umfang
- *gesamt*: 0,60 lfd. m (3 Kästen)
- *zu Afrika*: sämtliche Unterlagen
Bestand erschlossen: ja
Inhalt des Bestandes: "Gesammelte Schriften" von Afrikanus, Korrespondenzen, autobiographische Unterlagen, Tagebücher (1885-1892, mit Verzeichnis von ihm selbst), Kolonialpolitische Schriften, "Rosinen aus meinem Kolonialkuchen" (u.a. Erzählungen, Erinnerungen, Verse)

Weitere Hinweise: Mommsen Nr. 2230.

Scheller-Steinwartz, Robert von (1865-1921)

Region: Äthiopien
Tätigkeit
- *in Afrika*: Ks.-dt. außerordentl. Gesandter und bevollmächtigter Minister in Abbis Abeba (1908-1912)
- *außerhalb Afrikas*: Sachsen-Altenburgischer Staatsminister und Bevollmächtigter zum Bundesrat (1912-1915)

Verwahrungsort: Bundesarchiv Berlin
Art des Nachlasses: Teilnachlaß
Laufzeit: 1903-1920
Umfang
- *gesamt*: 0,20 lfd. m (13 AE)
- *zu Afrika*: 1 AE
Bestand erschlossen: ja
Inhalt des Bestandes: Korrespondenz vor allem aus seiner Tätigkeit in Addis Abeba, Reisetagebücher (Norwegen, Guatemala, Panama), Kollegmanuskripte, Manuskripte zu Aufsätzen, Akten betr. Entlassung als Staatsminister, Zeitungsartikel

Weitere Hinweise: Mommsen Nr. 3284.

Schiff, Alfred (1863-1939)

Region: Ägypten
Tätigkeit
- *in Afrika*: Teilnehmer an der Sieglin'schen Expedition (1900/01)
- *außerhalb Afrikas*: Archäologe, Epigraphiker

Verwahrungsort: Deutsches Archäologisches Institut
Art des Nachlasses: überwiegend persönlicher Nachlaß
Laufzeit: 1893-1928
Umfang
- *gesamt*: 4 Kästen
- *zu Afrika*: ein Großteil der 4 Kästen
Bestand erschlossen: ja
Inhalt des Bestandes: 1 Kasten ausführlicher Berichte über die Sieglin'sche Expedition nach Ägypten, ca. 80 Tagebücher, Korrespondenzen, Fotos, Manuskripte

Weitere Hinweise: Denecke/Brandis S. 325, Mommsen Nr. 3299.

Schleif, Hans (1902-1945)

Region: Sudan (Nubien)
Tätigkeit
- *in Afrika*: achäologische Grabungen
- *außerhalb Afrikas*: Archäologe, Architekt, Bauforscher

Verwahrungsort: Deutsches Archäologisches Institut
Art des Nachlasses: Teilnachlaß
Laufzeit: 1880-1940
Umfang
- *gesamt*: 4 Kästen, 1 großformatiger Kasten
- *zu Afrika*: keine Angaben
Bestand erschlossen: ja

Inhalt des Bestandes: Korrespondenzen, Notizbücher, Manuskripte, Zeichnungen, Persönliches, Sonderdrucke, Zeitungsausschnitte
Weitere Hinweise: Denecke/Brandis S. 348.

Schliemann, Johann Ludwig Heinrich (1822-1890)

Region: Ägypten
Tätigkeit
- *in Afrika*: erste Station seiner Weltreise (1864-1866)
- *außerhalb Afrikas*: Archäologe, Kaufmann (u.a. in Amerika), Weltreisender

Verwahrungsort: Staatsbibliothek Preußischer Kulturbesitz Haus 2, Handschriftenabteilung
Art des Nachlasses: primär Briefsammlung von E. Meyer
Laufzeit: 1851-1890
Umfang
- *gesamt*: 1 Kasten
- *zu Afrika*: keine Angaben
Bestand erschlossen: ja
Inhalt des Bestandes: Korrespondenzen, 1 Manuskript-Teil

Verwahrungsort: Deutsches Archäologisches Institut
Art des Nachlasses: Sammlung, u.a. von G. Korres
Laufzeit: um 1990
Umfang
- *gesamt*: 1 Kasten
- *zu Afrika*: keine Anbgaben
Bestand erschlossen: ja
Inhalt des Bestandes: Umschlag mit Konvolut von Schriften (Kopien), Unterlagen und Fotos der Schliemann-Gedenkfeier zum 100. Todestag (Athen 1990), Umschlag mit Kopien von Zeitungsartikeln, Denkschriften u.ä. zu

Schliemann, gesammelt von Georgios Korres; weitere griechische Publikationen

Weitere Hinweise: Mommsen Nr. 3325.

Schlobies, Hans (1904-1950)

Region: Äthiopien
Tätigkeit
- *in Afrika:* Hauslehrer einer deutschen Familie in Abessinien (1925 ff.), später kaufmännisch bei einer deutschen Firma in Addis Abeba; 1927/28 Dolmetscher im Angestelltenverhältnis
- *außerhalb Afrikas:* 1930/31 Lehraufträge für abessinische Sprachen, bes. Amharisch, am Orientalischen Seminar in Berlin; 1931/32 arabische Studien; 1935-1938 wissenschaftlicher Hilfsarbeiter im Auswärtigen Amt

Verwahrungsort: Berlin-Brandenburgische Akademie der Wissenschaften
Art des Nachlasses: Teilnachlaß
Laufzeit: aus bisheriger Bearbeitung nicht ersichtlich
Umfang
- *gesamt:* 3 lfd. m
- *zu Afrika:* einzelne Aufzeichnungen bzw. Manuskripte
Bestand erschlossen: provisorisch
Inhalt des Bestandes: Korrespondenzen, Manuskripte, (Reise-)Aufzeichnungen, 1 Reisetagebuch (wohl von J.H. Nordtmann), arabische und persische Handschriften, Photographien arabischer Handschriften, Sprachübungen und Wortlisten, u.a. Erzählungen auf Amharisch, Zeitungsausschnitte und Sonderdrucke

Schloifer, Otto (1867-1941)

Region: Deutsch-Ostafrika
Tätigkeit
- *in Afrika*: kommandiert zur Schutztruppe in Deutsch-Ostafrika (1898)
- *außerhalb Afrikas*: Offizier

Verwahrungsort: Geheimes Staatsarchiv Preußischer Kulturbesitz
Art des Nachlasses:
Laufzeit: 1893-1923
Umfang
- *gesamt*: 0,30 lfd. m
- *zu Afrika*: keine Angaben
Bestand erschlossen: ja
Inhalt des Bestandes: Manuskripte, Tagebücher, Druckschriften, Karten und Fotos zur Kolonialgeschichte

Besondere Hinweise: s. auch Schloifer, Otto: Bana Uleia. Ein Lebenswerk in Afrika. Aus den Tagebüchern eines alten Kolonialpioniers, Berlin 1943.

Schmidt, Rochus (1860-1938)

Region: Ostafrika
Tätigkeit
- *in Afrika*: Beauftragter der Deutsch-Ostafrikanischen Gesellschaft (1885) und der Deutschen Witu-Gesellschaft (1886), Offizier der Kaiserlichen Schutztruppe in Deutsch-Ostafrika (1890), Bezirkshauptmann in Bagamoyo
- *außerhalb Afrikas*: Offizier, Führer der Erkundungsmission in der Türkei (1914-1918)

Verwahrungsort: Bundesarchiv Berlin
Art des Nachlasses: Teilnachlaß
Laufzeit: 1889-1925
Umfang

- *gesamt*: 1 Mappe (1 AE)
- *zu Afrika*: keine Angaben
Bestand erschlossen: ja
Inhalt des Bestandes: 1 Tagebuch über Erkundungsmission in der Türkei und Suezunternehmen

Weitere Hinweise: Mommsen Nr. 3352.

Schnee, Heinrich (1871-1949)

Region: Deutsch-Ostafrika
Tätigkeit
- *in Afrika*: Gouverneur von Deutsch-Ostafrika (1912-1918)
- *außerhalb Afrikas*: Stellvertr. Gouverneur in Samoa (1900), Wirklicher Geheimer Rat (1912), Präsident des Arbeitsausschusses deutscher Verbände, Präsident des Bundes der Auslandsdeutschen, Präsident der Deutschen Kolonialgesellschaft (1930), Mitglied des Reichstages (DVP), Präsident der Deutschen Liga für den Völkerbund (1923)

Verwahrungsort: Geheimes Staatsarchiv Preußischer Kulturbesitz
Art des Nachlasses: sehr umfangreicher Nachlaß
Laufzeit: 1867-1949
Umfang
- *gesamt*: 4,00 lfd. m
- *zu Afrika*: ein Großteil
Bestand erschlossen: ja
Inhalt des Bestandes: Persönliches, Tagebücher, private Korrespondenz, Personalpapiere, Manuskripte, u.a. unveröffentlichte Memoiren (1945-1949), dienstliche und politische Korrespondenz, Akten aus dienstlicher Tätigkeit in Ostafrika, auch zur Mandschurei-Kommission des Völkerbundes (1932), Zeitungsausschnitte, Fotosammlung

Besondere Hinweise: s. auch Schnee, Heinrich: Als letzter Gouverneur in Deutsch-Ostafrika. Erinnerungen, Heidelberg 1964.

Weitere Hinweise: Mommsen Nr. 3367.

Schubert, Ernst Traugott (1838-1900)

Region: Südafrika
Tätigkeit
- *in Afrika*:   Missionar (ab 1868 im Transvaal)
- *außerhalb Afrikas*: Maurergeselle

Verwahrungsort: Archiv des Berliner Missionswerkes
Art des Nachlasses: Teilnachlaß
Laufzeit: keine Angaben
Umfang
- *gesamt*: 1 Mappe
- *zu Afrika*: s. oben
Bestand erschlossen: nein
Inhalt des Bestandes: Korrespondenzen (primär geschäftlich)

Schuckmann, Bruno von (1857-1919)

Region: Kamerun, Südwestafrika, Südafrika
Tätigkeit
- *in Afrika*: Stellvertr. Gouverneur von Kamerun (1891), Generalkonsul in Kapstadt (1896-1899), Gouverneur von Deutsch-Südwestafrika (1907-1910)
- *außerhalb Afrikas*: Legationsrat im Auswärtigen Amt, Kolonialabteilung (1890), Mitglied des preußischen Abgeordnetenhauses

Verwahrungsort: Bundesarchiv Berlin
Art des Nachlasses:
Laufzeit: 1887-1934
Umfang
- *gesamt*: 0,14 lfd. m (6 AE)
- *zu Afrika*: 1 Tagebuch und Brief (1891-1910)
Bestand erschlossen: ja

Inhalt des Bestandes: Korrepondenzen (amtlich und persönlich), Tagebuchaufzeichnungen, Zeitungsausschnitte, Nachrufe, Biographie Schluckmanns (zusammengestellt aus Briefen und Tagebuchaufzeichnungen)

Weitere Hinweise: Mommsen Nr. 3433.

Schultze-Rhonhof, Arnold (1875-nach 1934)

Region: Kongo, Zentralafrika
Tätigkeit
- *in Afrika*: Reise an den Yola-Tschadsee (1903), Kamerun (1905), Reisebegleiter des Herzogs von Mecklenburg (1910/11), Reise in den Kongo (1929/30)
- *außerhalb Afrikas*: Entomologe, Reisender

Verwahrungsort: Institut für systematische Zoologie (HUB)
Art des Nachlasses: Teilnachlaß (auch von Rhonhofs Ehefrau Herta)
Laufzeit: 1890-1935
Umfang
- *gesamt*: 2 Kästen, viel zu Südamerika
- *zu Afrika*: keine Angaben
Bestand erschlossen: nur teilweise geordnet
Inhalt des Bestandes: Korrespondenzen (u.a. aus Bogota), Tagebücher (1903-1927, mit Landschaftszeichnungen und Fotos; 1927-1929 Südamerika und Kongo), Ordner zur Kongoreise mit Dokumenten (1929/30), Briefkopien, Rechnungen, Zeitungsausschnitte, Fremdenbuch, Diss. über "Sultanat Bornu" (1910, mit Karten), Aktenmaterial, Lebensdokumente von Herta Schultze-Rhonhof

Verwahrungsort: Humboldt-Universität zu Berlin, Universitätsarchiv
Art des Nachlasses: Teilnachlaß
Laufzeit: 1912-34
Umfang
- *gesamt*: 1 Kasten
- *zu Afrika*: gering

Bestand erschlossen: ja
Inhalt des Bestandes: persönliche Unterlagen (Studiengeldbescheinigung 1912, Bewerbung Auswärtiges Amt 1933, Devisenangelegenheiten 1934), Korrespondenzen (1 afrikabezogener Brief von Heldmann 1931), Sonderdrucke, Notizbuch mit Visitenkarten und Tagebuchaufzeichnungen (1922, wohl Brasilienreise), Rundschreiben der SS

Schweinfurth, Georg (1836-1925)

Region: Nordafrika (u.a. Algerien, Tunesien, Ägypten)
Tätigkeit
- *in Afrika*: Forschungsreisender (Geologie, Sprachwissenschaften, koloniale Fragen)
- *außerhalb Afrikas*: Geograph, Afrikaforscher

Verwahrungsort: Staatsbibliothek Preußischer Kulturbesitz Haus 1, Handschriftenabteilung
Art des Nachlasses: Teilnachlaß
Laufzeit: 1907-1912
Umfang
- *gesamt*: 3 Tagebücher
- *zu Afrika*: alle 3 Tagebücher
Bestand erschlossen: ja
Inhalt des Bestandes: Reisetagebücher: Algier I u. II, Ägypten II

Besondere Hinweise: Umfangreicher Bestand (ca. 150 Kästen) in Krakow. 9 Manuskripte über afrikanische Sprachen in der Sammlung Darmstädter.

Verwahrungsort: Staatsbibliothek Preußischer Kulturbesitz Haus 2, Handschriftenabteilung
Art des Nachlasses: Teilnachlaß
Laufzeit: 1871-1924
Umfang
- *gesamt*: 1 Kps.
- *zu Afrika*: keine Angaben

Bestand erschlossen: ja
Inhalt des Bestandes: diverse Materialien, 4 Tagebücher

Weitere Hinweise: Denecke/Brandis S. 346, GSNL II.443, III.808, Mommsen Nr. 3495.

Sehlapelo (Shelapelo), Cornelius Moloxeng (1879-?)

Region: Südafrika
Tätigkeit
- *in Afrika*: Lehrer und Pfarrer
- *außerhalb Afrikas*: keine Angaben

Verwahrungsort: Archiv des Berliner Missionswerkes
Art des Nachlasses: dienstlicher Nachlaß
Laufzeit: um 1929
Umfang
- *gesamt*: 1 Mappe
- *zu Afrika*: sämtliche Unterlagen
Bestand erschlossen: grob erfaßt
Inhalt des Bestandes: Unterrichtsunterlagen, Skripte, Jahresberichte; alles in afrikanischen Sprachen (Zulu oder Xhosa)

Besondere Hinweise: Lebenslauf in Personalakte

Solf, Wilhelm (1862-1936)

Region: Deutsch-Ostafrika, Südwestafrika
Tätigkeit
- *in Afrika*: Dienstreise nach Deutsch-Ostafrika

- *außerhalb Afrikas*: Staatssekretär des Reichskolonialamtes (1911-1918) und des Auswärtigen Amtes (1918), Gouverneur von Deutsch-Samoa (1910/11), Botschafter in Japan

Verwahrungsort: Bundesarchiv Berlin
Art des Nachlasses: Teilnachlaß
Laufzeit: 1889-1934
Umfang
- *gesamt*: 38 Mappen (8 Filmrollen)
- *zu Afrika*: einzelne Schriftwechsel in verschiedenen Mappen
Bestand erschlossen: ja
Inhalt des Bestandes: Korrespondenzen, Berichte (vorwiegend über Samoa), Zeitungsausschnitte, Ansichtskarten aus Japan

Weitere Hinweise: Mommsen Nr. 7377.

Sprenger, Aloys (1813-1893)

Region: Ägypten
Tätigkeit
- *in Afrika*: auf einer Reise in den Vorderen Orient (1854-1856) auch in Ägypten
- *außerhalb Afrikas*: Doktor der Medizin, Orientalist, 1842-1854 in Indien (Studium islamischer Schriften)

Verwahrungsort: Staatsbibliothek Preußischer Kulturbesitz Haus 2, Handschriftenabteilung
Art des Nachlasses: wissenschaftlicher Nachlaß
Laufzeit: ca. 1844-1854
Umfang
- *gesamt*: 7 Kästen, 12 Faszikel
- *zu Afrika*: nichts
Bestand erschlossen: ja

Inhalt des Bestandes: Manuskripte und Zettel(kataloge) für Buchsammlungen, Druckschriften, indische Zeitungen

Weitere Hinweise: Denecke/Brandis S. 358, GSNL I.597.

Steffen, Bernhard (1844-1991)

Region: Ägypten
Tätigkeit
 - *in Afrika*: Vergnügungsreise 1890
 - *außerhalb Afrikas*: Topograph, u.a. bei Heinrich Schliemann in Athen

Verwahrungsort: Deutsches Archäologisches Institut
Art des Nachlasses: Teilnachlaß
Laufzeit: 1877-1890
Umfang
 - *gesamt*: 1 Mappe
 - *zu Afrika*: wohl nur 1 Brief über die ägyptische Reise
Bestand erschlossen: ja
Inhalt des Bestandes: Korrespondenzen, 1 topographischer Bericht ("Plan of Mycemae" 1979)

Stuhlmann, Franz (1863-1928)

Region: Deutsch-Ostafrika
Tätigkeit
 - *in Afrika*: Afrikareisender (dienstlich und privat, u.a. mit Emin Pascha), Chef der Abt. Landeskultur u. -vermessung von Deutsch-Ostafrika, Direktor des biologisch-landwirtschaftlichen Instituts in Amani 1903, stellv. Gouverneur von Deutsch-Ostafrika
 - *außerhalb Afrikas*: Direktor des Hamburger Weltwirtschaftsarchivs (1908 ff.)

Verwahrungsort: Bundesarchiv Berlin
Art des Nachlasses: Teilnachlaß
Laufzeit: 1896-1905 (viele Berichte jedoch ohne Datum)
Umfang
- *gesamt*: 0,05 lfd. m
- *zu Afrika*: 17 von 18 AE
Bestand erschlossen: ja
Inhalt des Bestandes: Reise- bzw. Expeditionsberichte, Notizbuchaufzeichnungen, dienstliche Berichte, Korrespondenzen, Karten

Verwahrungsort: Institut für systematische Zoologie (HUB)
Art des Nachlasses: Bruchstück
Laufzeit: 1890-1912
Umfang
- *gesamt*: 1 Mappe
- *zu Afrika*: sämtliche Unterlagen
Bestand erschlossen: nein
Inhalt des Bestandes: Unterlagen bzgl. Expeditionen und Objektsendungen an das Museum, Zeichnungen

Weitere Hinweise: Denecke/Brandis S. 371, Mommsen Nr. 3764.

Tscheuschner, Ernst (1904-1989)

Region: Süd- und Ostafrika
Tätigkeit
- *in Afrika*: Missionar (1930-1938 in Tansania, 1945 ff. in Südafrika)
- *außerhalb Afrikas*: Theologe

Verwahrungsort: Archiv des Berliner Missionswerkes
Art des Nachlasses: Teilnachlaß
Laufzeit: keine Angaben
Umfang
- *gesamt*: 1 Mappe
- *zu Afrika*: s. oben

Bestand erschlossen: nein
Inhalt des Bestandes: Unterlagen zu Ki-Zaramo, Ki-Gogo und Ki-Swahili (u.a. zur Grammatik; Bibelübersetzungen)

Thiersch, Hermann (1874-1939)

Region: Ägypten, Libyen
Tätigkeit
 - *in Afrika*: Ausgrabungen
 - *außerhalb Afrikas*: Archäologe, Professor für klassische Archäologie

Verwahrungsort: Deutsches Archäologisches Institut
Art des Nachlasses: Teilnachlaß
Laufzeit: 1893-1929
Umfang
 - *gesamt*: ca. 90 Briefe
 - *zu Afrika*: keine Angaben
Bestand erschlossen: ja
Inhalt des Bestandes: ca. 90 Briefe und Postkarten, häufig von seinem Doktorvater A. Furtwängler

Weitere Hinweise: Denecke/Brandis S. 377, Mommsen Nr. 7561.

Thormählen, Johannes (1842-1909)

Region: Kamerun
Tätigkeit
 - *in Afrika*: Vertreter der Firma Woermann in Gabun, dann Kamerun (1864-1874)
 - *außerhalb Afrikas*: Kaufmann in Hamburg, Gründer der Firma Jantzen & Thormählen (1874), Mitglied des Kolonialrates

Verwahrungsort: Bundesarchiv Berlin
Art des Nachlasses: Teilnachlaß
Laufzeit: 1884-1939
Umfang
- *gesamt*: 0,15 lfd. m
- *zu Afrika*: sämtliche Unterlagen
Bestand erschlossen: ja
Inhalt des Bestandes: Korrespondenzen, besonders über die deutsche Kolonialisierung und Handelspolitik in Kamerun (1884-1922), persönliche Papiere (u.a. von der Tochter verfaßter Lebenslauf), Firmenaufträge bzgl. Kamerunangelegenheiten, Bericht über koloniale Besprechung mit Bismarck (1884)

Weitere Hinweise: Mommsen Nr. 3826.

Unbekannter Reisender aus Paris (19. Jahrhundert)

Region: Ägypten
Tätigkeit
- *in Afrika*: Reisender
- *außerhalb Afrikas*: keine Angaben

Verwahrungsort: Staatsbibliothek Preußischer Kulturbesitz Haus 1, Handschriftenabteilung
Art des Nachlasses: Bruchstück
Laufzeit: 1869
Umfang
- *gesamt*: 1 Reisetagebuch (210 Seiten)
- *zu Afrika*: s. oben
Bestand erschlossen: erfaßt, aber unbearbeitet
Inhalt des Bestandes: Tagebuch der Reise mit dem Freund Marcel de Brayer, incl. Zeichnungen

Virchow, Rudolf (1821-1902)

Region: Ägypten
Tätigkeit
- *in Afrika*: Forschungsreisender (1988 Reise gemeinsam mit Schliemann und Schweinfurth)
- *außerhalb Afrikas*: Mediziner (Pathologe), Anthropologe, Ethnologe, Archäologe, Landtags-und Reichstagsabgeordneter

Verwahrungsort: Berlin-Brandenburgische Akademie der Wissenschaften
Art des Nachlasses: Teilnachlaß
Laufzeit: 1826-1902
Umfang
- *gesamt*: ca. 100 Kästen
- *zu Afrika*: einige Manuskripte u. Briefe
Bestand erschlossen: ja
Inhalt des Bestandes: Manuskripte, Korrespondenzen

Verwahrungsort: Humboldt-Universität zu Berlin, Universitätsarchiv
Art des Nachlasses: Teilnachlaß
Laufzeit: 1840-1901
Umfang
- *gesamt*: 4 lfd. m
- *zu Afrika*: keine Angaben
Bestand erschlossen: ja
Inhalt des Bestandes: Gratulationen, Danksagungen, Ehrenmitgliedschaften, -präsidentschaften und -bürgerschaften, Studien-, Promotions- u. Habilitationsunterlagen

Verwahrungsort: Staatsbibliothek Preußischer Kulturbesitz Haus 2, Handschriftenabteilung
Art des Nachlasses: in der Sammlung Darmstädter enthaltener Teil des Nachlasses
Laufzeit: 1844-1921
Umfang
- *gesamt*: 2 Kästen
- *zu Afrika*: scheinbar nichts
Bestand erschlossen: ja

Inhalt des Bestandes: Manuskripte, Korrespondenzen, Fotos, Drucke

Weitere Hinweise: Denecke/Brandis S. 389, GSNL I.647, II.498, III.896, Mommsen Nr. 3938.

Wiegand, Theodor (1864-1936)

Region: Libyen
Tätigkeit
- *in Afrika*: Beobachtung italienischer Ausgrabungen (Bericht)
- *außerhalb Afrikas*: Archäologe, Direktor des Deutschen Archäologischen Instituts (1932-1936)

Verwahrungsort: Deutsches Archäologisches Institut
Art des Nachlasses: umfangreicher, echter Nachlaß
Laufzeit: 1893-1936
Umfang
- *gesamt*: 41 Kästen
- *zu Afrika*: ca. 1 Mappe
Bestand erschlossen: ja
Inhalt des Bestandes: Korrespondenzen (12 Kästen), Tagebücher, Notizen, Manuskripte, Sonderdrucke, Grabungsberichte, Fotos, Alben, Vortragsschriften, Presseberichte

Besondere Hinweise: Denecke S. 408, Mommsen Nr. 4129.

Wolff, Oskar (1858-1943)

Region: Ostafrika
Tätigkeit
- *in Afrika*: Reisender, evtl. geschäftlicher Art
- *außerhalb Afrikas*: Industrieller

Verwahrungsort: Staatsbibliothek Preußischer Kulturbesitz Haus 2, Handschriftenabteilung
Art des Nachlasses: Bruchstück
Laufzeit: Januar-Mai 1896
Umfang
  - *gesamt*: 1 Reisetagebuch
  - *zu Afrika*: s. oben
Bestand erschlossen: ja
Inhalt des Bestandes: 1 Tagebuch "Ostafrikanische Reise-Erinnerungen Januar 1895", 2 Fotos, 1 Äquator-Taufzeugnis

Ziegler, Alexander (1822-1887)

Region: Ägypten
Tätigkeit
  - *in Afrika*: Reiseschriftsteller
  - *außerhalb Afrikas*: Heimat- und Reiseschriftsteller

Verwahrungsort: Staatsbibliothek Preußischer Kulturbesitz Haus 1, Handschriftenabteilung
Art des Nachlasses: Teilnachlaß
Laufzeit: 1839-1886
Umfang
  - *gesamt*: 8 Kästen
  - *zu Afrika*: keine Angaben
Bestand erschlossen: ja
Inhalt des Bestandes: Manuskripte und Korrespondenzen, Tagebuch einer Nilreise (1852/53), Vorlesungsnachschriften, Drucksachen, Karten, Zeitschriften und Zeitungsausschnitte, zu Zieglers Werk gehörende Materialien der Schiller- und Tiedge-Stiftung

Weitere Hinweise: GSNL II.533, III.967.

Zech, Julius Graf von (1868-1914)

Region: Togo
Tätigkeit
- *in Afrika*: Gouverneur von Togo (1905 ff.)
- *außerhalb Afrikas*: Kolonialbeamter, Offizier

Verwahrungsort: Bundesarchiv Berlin
Art des Nachlasses: Teilnachlaß)
Laufzeit: 1897-1914 (Nachrufe und Erinnerungen bis 1941)
Umfang
- *gesamt*: 0,03 lfd. m
- *zu Afrika*: 4 AE
Bestand erschlossen: ja
Inhalt des Bestandes: Vorbereitung einer Biographie (1939-1941, Lebensbeschreibung von 30 S. und Korrespondenzen enthaltend), Ausatzabschriften, 2 Schreiben an den Bruder von Zech (1929)

Zöller, Hugo (1852-1933)

Region: Ägypten und Westafrika
Tätigkeit
- *in Afrika*: Kriegsberichterstatter beim englischen Heer in Ägypten (1882), Reisender
- *außerhalb Afrikas*: Schriftsteller und Forschungsreisender, Redakteur der Kölnischen Zeitung

Verwahrungsort: Bundesarchiv Berlin
Art des Nachlasses: Teilnachlaß
Laufzeit: 1873-1932
Umfang
- *gesamt*: 0,10 lfd. m
- *zu Afrika*: 2 von 7 AE
Bestand erschlossen: ja

Inhalt des Bestandes: Zeitungsartikel über Kolonien und Zöllers Weltreise, Artikel von Zöller als deutscher Berichterstatter beim englischen Heer in Ägypten, Kartenskizzen aus Westafrika, vor allem aus Kamerun und Togo (1884/85)

Weitere Hinweise: Mommsen Nr. 4252.

Verzeichnis der Archive und Bibliotheken
Adressen, Öffnungszeiten und Hinweise auf Bestände

BERLIN

Ägyptisches Museum und Papyrussammlung

Staatliche Museen zu Berlin Preußischer Kulturbesitz
Bodestr. 1-3
10178 Berlin
Telefon: (030) 2090-5103
Telefax: (030) 2090-5102

Afrikabezogene Nachlässe:
Lepsius, Richard (1810-1884)

Besondere Hinweise:
Vorhanden sind außer Tagebüchern, Fundjournalen und sonstigen wissenschaftlichen Dokumentationen über Ausgrabungen in Ägpten vereinzelte private Aufzeichnungen von Teilnehmern an solchen Unternehmungen.

Archiv des Berliner Missionswerkes

Teltower Damm 118
14167 Berlin
Telefon: (030) 816 005 70

Mo,Di,Do 9.00-12.00 und 13.00-16.00, Fr 9.00-14.00 (Anmeldung erforderlich)

Afrikabezogene Nachlässe:
Kadach, Carl August (1851-1912)
Knaak, Siegfried (1875-1955)

Posselt, Otto (1875-nach 1924)
Reuter, Friedrich Ludwig (1848-1940)
Schubert, Ernst Traugott (1838-1900)
Sehlapelo (Shelapelo), Cornelius Moloxeng (1879-?)
Tscheuschner, Ernst (1904-1989)

Besondere Hinweise:
Die Nachlässe des Archivs sind vielfach unbearbeitet, aber sehr vielversprechend. Aufgrund des Umzuges 1997, verbunden mit Personalkürzungen, gelang nur eine grobe Erfassung afrikabezogener Nachlässe. Der Großteil interessanter Berichte und Tagebücher von Missionaren sowie über Visitationsreisen befinden sich in Aktenbeständen sowie im Bildarchiv, so u.a. umfangreiches Schriftgut von Alexander Merensky (1837-1918, Missionar in Südafrika) und von Missionsdirektor Herman Theodor Wangemann (1898-1894). Zwischen den Nachlässen befindet sich eine Schenkung des Missionars Herbert Bahr (geb. 1909, wohl noch in Südafrika im Ruhestand lebend), der 4 Mappen mit größtenteils eigenen Berichten, Photographien, Zeichnungen, Gedichten und Liedern zusammenstellte, eine interessante Sammlung.

Während des Baus des Kirchenzentrums der Evangelischen Kirche in Berlin-Brandenburg in der Georgenkirchstraße und der damit verbundenen Sanierung der alten Häuser der Berliner Mission (ca. 2 Jahre lang) wurden Archiv und Bibliothek des Berliner Missionswerkes im August 1997 ausgelagert und sind nur eingeschränkt benutzbar. Nach der Interimszeit lautet die Adresse wie bisher: Georgenkirchstr. 69/70, 10249 Berlin.

Archiv zur Geschichte der Max-Planck-Gesellschaft

Boltzmannstr. 14
14195 Berlin
Telefon: (030) 84 13 3701
Telefax: (030) 84 13 3700
Mo-Do 9.00-16.00, Fr 9.00-15.00 (Anmeldung erforderlich)

Afrikabezogene Nachlässe: nicht vorhanden

Besondere Hinweise:
Unter den Akten der Generalverwaltung der Kaiser-Wilhelm-Gesellschaft befinden sich die Akten "Erforschung und wissenschaftliche Aufnahme der Darstellung der Fremdvölker Ägyptens, 1911-1920" sowie "Zoologische Station Suez, 1927".

Berlin-Brandenburgische Akademie der Wissenschaften

Akademiearchiv
Jägerstr. 22-23
10117 Berlin
Telefon: (030) 203 702 21
Telefax: (030) 203 704 46
Mo-Fr 8.30-15.45 (Anmeldung erwünscht)

Afrikabezogene Nachlässe:
Brugsch (-Pascha), Heinrich Ferdinand Karl (1827-1894)
Ehrenberg, Christian Gottfried (1795-1876)
Hintze, Fritz (1915-1993)
Meyer, Eduard (1855-1930)
Niebuhr, Carsten (1733-1815)
Schlobies, Hans (1904-1950)
Virchow, Rudolf (1821-1902)

Botanischer Garten und Botanisches Museum Berlin-Dahlem

Freie Universität Berlin
Archiv, Bibliothek & Ikonothek
Königin-Luise-Str. 6-8

14195 Berlin
Telefon: 030 83006 191
Telefax: 030 841 729 29
Mo-Fr 9.00-13.00 und nach Vereinbarung

Afrikabezogene Nachlässe:
Braun, Carl Philipp Johann Georg (1870-1935)
Huch (geb. Schlieben), Edith (*1913)
Mildbread, Johannes (1879-1954)

Besondere Hinweise:
Das im wesentlichen wissenschaftliche Nachlässe (abzüglich derer in die wissenschaftlichen Sammlungen [Herbarium, Spezialsammlungen, Bibliothek] integrierten Hauptbestandteile) umfassende Archiv des Botanischen Museums wurde im Kriegsjahr 1943 bei dem durch Bomben ausgelösten Brand des Herbarflügels des Museumsgebäudes vollständig zerstört. Der heute vorhandene Bestand umfaßt nachgelassene wissenschaftliche Manuskripte, Zeichnungen und Abbildungs-Druckvorlagen, Briefe, photographische Materialien und sonstige Dokumente, die dem Museum nach dem Zweiten Weltkrieg übereignet wurden, in engerem Zusammenhang mit den wissenschaftlichen Sammlungen stehen und derzeit erst teilweise erschlossen sind.

Nachlässe von Botanikern, die in Afrika tätig waren, sind heute im Archiv nur in geringem Umfang vorhanden, und Materialien mit Afrika-Bezug in diesen Nachlässen beschränken sich meist auf wenige Stücke. Neben obigen Nachlässen sind daher mit Einschränkung zu nennen Ascherson, Paul (1834-1913; Ägypten & Libyen 1873/74, 1876, Ägypten 1879/80, 1887); Bolle, Carl (1821-1909; Kapverdische Inseln 1851/52, 1853, Kanarische Inseln 1852/53, 1856, 1863); Bornmüller, Joseph (1862-1948; Nordafrika 1900, 1901, 1908, 1933); Diels, Ludwig (1874-1945; Südafrika 1900-1902, Nordafrika 1910); Dinter, Kurt (1868-1945; Südwestafrika 1887-1934, Kanarische Inseln 1905); Ledermann, Carl Ludwig (1875-1958; Kongo 1904-1906, Kamerun 1908/09); Pampanini, Renato (1875-1949; Nordafrika 19??, 1933); Peter, Albert (1853-1937; Ostafrika 1913-1918, 1925/26); Schlieben, Hans-Joachim (1902-1975; Tanganyika 1930-1935, Südafrika 1955-1973); Schweinfurth, Georg (1836-1935; Ägypten und Sudan 1863-1866, Zentral-Afrika 1868-1871, Ägypten 1874-1888,

Sokotra 1881, Eritrea und Äthiopien 1891-1894); Werdermann, Erich (1892-1959; Südafrika 1958/59).

Bundesarchiv Berlin

Finckensteinallee 63
12205 Berlin (Besucheradresse)
Postfach 450 569
12175 Berlin (Postadresse)
Telefon: (030) 843 50-0
Telefax: (030) 843 50 246 oder 833 06 95
Lesesaal: Mo-Do 8.00-19.00, Fr 8.00-16.00 (Voranmeldung erforderlich)
Bibliothek: Mo-Do 9.00-19.00, Fr 9.00-16.00

Afrikabezogene Nachlässe:
Emin, Pascha (Schnitzer, Eduard) (1840-1892)
Feder, Artur (1887-?)
Junker, Wilhelm (1840-1892)
Kayser, Paul (1845-1898)
Peters, Karl (1856-1918)
Pfeil, Joachim Graf von (1857-1924)
Puttkammer, Jesco von (1855-1917)
Reiter, Bernhard (1894-?)
Saint Paul-Illaire, Walter von ("Afrikanus") (1860-1940)
Scheller-Steinwartz, Robert von (1865-1921)
Schmidt, Rochus (1860-1938)
Schuckmann, Bruno von (1857-1919)
Solf, Wilhelm (1862-1936)
Stuhlmann, Franz (1863-1928)
Thormählen, Johannes (1842-1909)
Zech, Julius Graf von (1868-1914)
Zöller, Hugo (1852-1933)

Deutsches Archäologisches Institut

Archiv der Zentrale
Podbielskiallee 69-71
14195 Berlin
Telefon: (030) 830 08-0
Telefax: (030) 830 08 190
Mo-Di 9.30-17.00, Mi 9.30-13.00 (Voranmeldung erwünscht)

Afrikabezogene Nachlässe:
Bittel, Kurt (1907-1991)
Brugsch (-Pascha), Heinrich Ferdinand Karl (1827-1894)
Dittmann, Karl Heinrich (1907-?)
Hölscher, Wilhelm (1912-1943?)
Krencker, Daniel (1874-1941)
Kühnel, Ernst (1822-1964)
Lepsius, Richard (1810-1884)
Rodenwaldt, Gerhart (1886-1945)
Schiff, Alfred (1863-1939)
Schleif, Hans (1902-1945)
Schliemann, Johann Ludwig Heinrich (1822-1890)
Steffen, Bernhard (1844-1991)
Thiersch, Hermann (1874-1939)
Wiegand, Theodor (1864-1936)

Deutsches Technikmuseum Berlin

Archiv
Trebbiner Str. 9
10963 Berlin
Telefon: (030) 25 484-133/134
Telefax: (030) 25 484-175
Di 13.00-17.30, Do 9.00-12.00+13.00-17.30

Afrikabezogene Nachlässe: nicht vorhanden

Besondere Hinweise:
In den Beständen befindet sich ein kleineres Firmenarchiv der Deutschen Nyanza Schiffahrts GmbH, bezogen auf Ostafrika. Es enthält 6 Dokumente aus der Zeit 1908-1926: 2 Briefe, 1 Fotoalbum, 1 Vollmacht, 1 Vertrag sowie 1 Veröffentlichung.

Evangelisches Zentralarchiv in Berlin

Jebenstr. 3
10623 Berlin
Telefon: (030) 310 01-0
Telefax: (030) 310 01 200
Mo-Do 9.00-16.00, Fr 9.00-14.00

Afrikabezogene Nachlässe: nicht vorhanden

Besondere Hinweise:
Im Bestand 5 (Kirchliches Außenamt) befinden sich über 100 Akten mit Berichten und Korrespondenzen über und aus Afrika aus der zweiten Hälfte des 19. Jahrhunderts bis 1945.

Geheimes Staatsarchiv Preußischer Kulturbesitz

Archivstr. 12-14
14195 Berlin
Telefon: (030) 839 01-00
Telefax: (030) 839 01 180
Mo, Mi, Do, Fr 8.00-15.45, Di 8.00-19.45

Afrikabezogene Nachlässe:
Braun, Karl (1870-1935)
Schloifer, Otto (1867-1941)
Schnee, Heinrich (1871-1949)

Heimatverein Zehlendorf

Archiv
Clayallee 355
14169 Berlin
Telefon: (030) 803 24 41
Telefax: (030) 803 24 41
Mo-Fr 10.00-13.00 (Voranmeldung erforderlich)

Afrikabezogene Nachlässe: nicht vorhanden

Besondere Hinweise:
1976 und 1978 brachte ein Reisender aus Afrika Fotos und Informationen über zwei von ihm in Tansania gesichtete Bronzeglocken mit, die um 1900 in Zehlendorf in der Glockengießerei Gustav Collier gegossen wurden.

Hochschule der Künste Berlin

Hochschularchiv
Bundesallee 1-12
10719 Berlin (Besucheradresse)
Postfach 126720
10595 Berlin (Postadresse)
Telefon: (030) 3185-2733
Mo-Fr 9.00-16.00 (schriftl. Voranmeldung erforderlich)

Afrikabezogene Nachlässe: nicht vorhanden

Besondere Hinweise:
Im Bestand des Hochschularchivs befinden sich themenrelevante Akten des Berliner Phonogramm-Archivs, das in den zwanziger Jahren zur Staatlichen Hochschule für Musik gehörte: ca. 300 Blatt Verwaltungsschrifttum zu musikethnologischen Forschungsreisen (1922-1935, 1943).

Hochschule der Künste Berlin

Hochschulbibliothek
Hardenbergstr. 33
10623 Berlin (Besucheradresse)
Postfach 12 67 20
10595 Berlin (Postadresse)
Telefon: (030) 3185-2762
Telefax: (030) 3185-2679
Mo-Fr 11-16

Afrikabezogene Nachlässe: nicht vorhanden

Besondere Hinweise:
In der Sammlung für Grafik und Fotografie sind einige historische Fotografien aus Ägypten vorhanden: hauptsächlich Architekturmotive sowie diverse, meist kleine und für den Verkauf herausgegebene Darstellungen aus dem Bereich Kostüm/"Volkstypen" (z.T. auch nur im Atelier entstanden).

Humboldt-Universität zu Berlin

Universitätsarchiv
Salzufer 14

10587 Berlin
Telefon (030) 3904 8319
Telefax (030) 3904 8310
Mo-Mi 8.00-15.30, Do 8.00-19.00

Afrikabezogene Nachlässe:
Bergmann, Gustav von (1878-1955)
Schultze-Rhonhof, Arnold (1875-nach 1934)
Virchow, Rudolf (1821-1902)

Besondere Hinweise:
Weiter afrikabezogene Nachlässe aus bisher unbearbeiteten Beständen sind nicht auszuschließen.

**Institut für systematische Zoologie
der Humboldt Universität zu Berlin
Museum für Naturkunde**

Historische Arbeitstelle
Invalidenstr. 43
10115 Berlin
Telefon: (030) 209 38 657
Telefax: (030) 209 38 528
Mo-Fr 9.00-14.00 (Voranmeldung erwünscht)

Afrikabezogene Nachlässe:
Ehrenberg, Christian Gottfried (1795-1876)
Emin, Pascha (Schnitzer, Eduard) (1840-1892)
Fromm, Paul Ludwig-Theodor Johannes (1864-?)
Jacob, ? (um 1850)
Kittlitz, Friedrich Heinrich Freiherr von (1799-1874)
Krebs, Ludwig (1795-1844)
Lepsius, Richard (1810-1884)

Lichtenstein, Martin Heinrich Karl (1780-1857)
Neumann, Oskar (?)
Peters, Wilhelm Karl Hartwig (1815-1883)
Rüppell, Eduard (1794-1884)
Schultze-Rhonhof, Arnold (1875-nach 1934)
Stuhlmann, Franz (1863-1928)

**Institut für Mikrobiologie und Hygiene
der Humboldt-Universität zu Berlin
Robert-Koch-Museum**

Dorotheenstr. 96
10117 Berlin
Telefon: (030) 2093-4719
Besichtigung nach Voranmeldung möglich

Afrikabezogene Nachlässe:
Koch, Robert (1834-1910)

Museum für Völkerkunde

Staatliche Museen zu Berlin Preußischer Kulturbesitz
Arnimallee 27
14195 Berlin
Telefon (030) 8301-1
Telefax (030) 831 59 72
Öffnungszeiten nicht bekannt. Das Afrika-Archiv wird derzeit eingerichtet.

Afrikabezogene Nachlässe: fraglich

Besondere Hinweise:
Derzeit läuft ein Projekt zur Erfassung und Erschließung der Afrika-Schrift- und -Foto-Unterlagen (bisher grobe Sichtung). Tagebücher, Reisenotizen und Fotoplatten sind im Zweiten Weltkrieg verbrannt. Erhalten blieben Erwerbungsakten zu Objekten, Druckwerke sowie Fotos.

Physikalisch-Technische Bundesanstalt

Archiv zur Geschichte der staatlichen Metrologie in Deutschland
Abbestr. 2-12
10587 Berlin
Telefon: (030) 34 81 282
Telefax: (030) 34 81 490
Mo-Fr 9.00-15.00 (Voranmeldung erforderlich)

Afrikabezogene Nachlässe: nicht vorhanden

Besondere Hinweise:
In dem Archiv, das in die Bibliothek der PTB Berlin-Charlottenburg eingegliedert ist, befinden sich Unterlagen über die technische Entwicklungshilfe, u.a. "Deutsche Kolonien 1885-1900; 1900-1914", "Deutsche Kolonien 1915-1920: Ausrüstung der Eichämter 1913-1920; Sansibar, Marokko 1898-1906", "Ägypten, Abessinien 1975-1922", "Frankreich und Kolonien 1869-1925", "Südafrikanische Republik 1901-1924".

Robert Koch-Institut

Nordufer 20
13353 Berlin (Besucheradresse)
Postfach 65 02 80
13302 Berlin

Telefon (030) 4547-4
Telefax (030) 4547-2601
Pressestelle des Institutes: Mo-Do 8.30-16.00, Fr 8.30-15.00 (Voranmeldung erwünscht)

Afrikabezogene Nachlässe:
Koch, Robert (1834-1910)

**Staatsbibliothek zu Berlin
Preußischer Kulturbesitz, Haus 1**

Handschriftenabteilung
Unter den Linden 8
10117 Berlin
Telefon: (030) 2015-1232
Mo 14.00-17.00, Di-Fr 9.00-17.00, Sa 9.00-13.00
Vorraussichtlich zieht die Handschriftenabteilung des Hauses 1 im Oktober 1997 in Haus 2.

Afrikabezogene Nachlässe:
Lepsius, Richard (1810-1884)
Roehl, Karl (1870-1951)
Schweinfurth, Georg (1836-1925)
Unbekannter Reisender aus Paris
Virchow, Rudolf (1821-1902)
Wolff, Oskar (1858-1943)
Ziegler, Alexander (1822-1887)

Besondere Hinweise:
In der Kartenabteilung, Telefon (030) 2015-1309; Mo 14.00-19.00, Di-Fr 9.00-19.00, befinden sich handgefertigte Karten, ein umfangreicher Bestand an Kolonialkarten sowie die umfangreiche Sammlung von Druckwerken der

Gesellschaft für Erdkunde (s. auch Hinweise zur Stadtverwaltung Angermünde).

Staatsbibliothek zu Berlin
Preußischer Kulturbesitz, Haus 2

Handschriftenabteilung, Orientabteilung
Potsdamer Str. 33
10785 Berlin
Telefon: (030) 266-2847
Mo 14.00-17.00, Di-Fr 9.00-17.00, Sa 9.00-13.00

Afrikabezogene Nachlässe:
Darmstädter Sammlung (16.-19.Jh.)
Ebers, Georg (1837-1898)
Ehrenberg, Christian Gottfried (1795-1876)
Gruner, Hans (1865-1934)
Lenz, Oskar (1848-1925)
Lepsius, Richard (1810-1884)
Lichtenstein, Martin Heinrich Karl (1780-1857)
Littmann, Ludwig Richard Enno (1875-1958)
Luschan, Felix von (1864-1924)
Nachtigal, Gustav (1834-1885)
Neuhaus, Richard (1855-1915)
Rodenwaldt, Gerhart (1886-1945)
Schliemann, Johann Ludwig Heinrich (1822-1890)
Schweinfurth, Georg (1836-1925)
Sprenger, Aloys (1813-1893)

Besondere Hinweise:
In der Orientabteilung der Bibliothek befinden sich zahlreiche afrikanische Handschriften, u.a. in der Sammlung von Ernst Dammann, sowie der Nachlaß von August Klingenheben, der noch unbearbeitet ist.

Zentral- und Landesbibliothek Berlin

Berliner Stadtbibliothek
Fachabteilung Historische Sondersammlungen
Schloßplatz 6/7
10178 Berlin
Telefon: (030) 20286445
Telefax: (030) 2425773
Benutzung nur nach Voranmeldung

Afrikabezogene Nachlässe: nicht vorhanden

Besondere Hinweise:
Einige ältere Afrika-Karten sind in der Sammlung von Regemann im Bestand Graues Kloster erhalten (noch zu verzeichnen). Einzelhandschriften sind nahezu vollständig katalogisiert, wobei diese im Rahmen des Projektes nicht gesichtet wurden.

BRANDENBURG

Domstiftsarchiv und -bibliothek Brandenburg (Havel)

Burghof 11
14776 Brandenburg (Postadresse)
Domlinden 25 (Besucheradresse)
Telefon: (03381) 200325
Di 9-19, Mi 9-16 (Voranmeldung erwünscht)

Afrikabezogene Nachlässe: nicht vorhanden

Besondere Hinweise:
Unter den in Brandenburg deponierten Beständen (136 Pfarr- bzw. Ephoralarchive) konnten zwei Akten zum Thema Afrika ermittelt werden: "Briefe des Missionars Krapf" (1847-1853, Südafrika) sowie "Mission" (hauptsächlich Druckschriften betr. die Nationalspende zum Kaiserjubiläum für die evangelische Mission in den Deutschen Kolonien, 1913).

Außerdem existieren vereinzelt nicht erschlossene Akten zu dem Sachbetreff Äußere Mission.

Stadtverwaltung Angermünde

Stadtarchiv
Schwedterstr. 14
16278 Angermünde
Telefon: (03331) 33191
Telefax: (03331) 260045
Mo, Do, Fr 9.00-12.00, Di 9.00-17.00

Afrikabezogene Nachlässe: nicht vorhanden

Besondere Hinweise:
Im Archiv befindet sich die Kopie einer Reisebeschreibung des Angermünders Paul Erdmann Isert "Reise nach Guinea" aus der Zeit von 1783-1789, bestehend aus 12 langen "Briefen" von insgesamt 876 Seiten. Der Reisebericht befindet sich als Druckschrift "Voyages en Guinée et dans les Iles Caraibes en Amériques" in der Sammlung der Gesellschaft für Erdkunde in der Kartenabteilung der Staatsbibliothek Preußischer Kulturbesitz Haus 1.

MECKLENBURG-VORPOMMERN

Ernst-Moritz-Arndt-Universität Greifswald

Zoologisches Institut und Museum
Bibliothek
Bachstr. 11/12
17489 Greifswald
Telefon: (03834) 861650
Telefax: (03834) 864252
Benutzung nach Vereinbarung

Afrikabezogene Nachlässe:
Buchholz, Reinhold (1837-1876)

Mecklenburgisches Landeshauptarchiv Schwerin

Graf-Schack-Allee 2
19053 Schwerin
Telefon: (0385) 55 54 11
Telefax: (0385) 55 54 20
Di-Fr 9.00-17.00 (Voranmeldung erforderlich)

Afrikabezogene Nachlässe: nicht vorhanden

Besondere Hinweise:
In den Beständen "Großherzogliches Kabinett III" (1849-1945) und "Ministerium des Großherzoglichen Hauses" (1858-1920) befinden sich einige thematisch relevante Akten über:
Großherzog Friedrich Franz II. von Mecklenburg-Schwerin (Reise 1871-1876),
Großherzog Friedrich Franz IV. von Mecklenburg-Schwerin (Reise 1907-1909),

Herzogs Adolf Friedrich zu Mecklenburg (Forschungsreisen 1907-1911 sowie 1934-1935 und 1937, u.a. Reiseberichte und Tagebuchaufzeichnungen, auch seiner Begleiter), Schinckel, Max (Expeditionsteilnehmer, 1906-1910), Dr. Freiherr von Bodenstein (Reisebegleiter des Herzogs Adolf Friedrich, 1934-1936).

Register

Alphabetisches Verzeichnis der Nachlässe (Namen und Lebensdaten)

Bergmann, Gustav von (1878-1955)
Bittel, Kurt (1907-1991)
Braun, Carl Philipp Johann Georg (1870-1935)
Brugsch (-Pascha), Heinrich Ferdinand Karl (1827-1894)
Buchholz, Reinhold (1837-1876)
Darmstädter Sammlung (16.-19. Jhd.)
Dittmann, Karl Heinrich (1907-?)
Ebers, Georg (1837-1898)
Ehrenberg, Christian Gottfried (1795-1876)
Emin Pascha (Schnitzer, Eduard) (1840-1892)
Erbkam, Georg Gustav (1811-1876)
Feder, Artur (1887-?)
Fromm, Paul Ludwig-Theodor Johannes (1864-?)
Gruner, Hans (1865-1934)
Hintze, Fritz (1915-1993)
Hölscher, Wilhelm (1912- um 1943)
Huch (geb. Schlieben), Edith (1913-?)
Jacob, ? (nach 1850)
Junker, Wilhelm (1840-1892)
Kadach, Carl August (1851-1912)
Kayser, Paul (1845-1898)
Kittlitz, Friedrich Heinrich Freiherr von (1799-1874)
Knaak, Siegfried (1875-1955)
Koch, Robert (1834-1910)
Krebs, Ludwig (1795-1844)
Krencker, Daniel (1874-1941)
Kühnel, Ernst (1882-1964)
Le Tanneux von Saint Paul-Illaire (s. St. Paul-Illaire)
Lenz, Oskar (1848-1925)
Lepsius, Richard (1810-1884)
Lichtenstein, Martin Heinrich Karl (1780-1857)

Littmann, Ludwig Richard Enno (1875-1958)
Luschan, Felix von (1864-1924)
Meister, Richard Carl (1848-1912)
Meyer, Eduard (1855-1930)
Mildbread, Johannes (1879-1954)
Nachtigal, Gustav (1834-1885)
Neuhauss, Richard (1855-1915)
Neumann, Oskar (?)
Niebuhr, Carsten (1733-1815)
Peters, Wilhelm Karl Hartwig (1815-1883)
Peters, Karl (1856-1918)
Pfeil, Joachim Graf von (1857-1924)
Posselt, Otto (1875-nach 1924)
Puttkammer, Jesco von (1855-1917)
Reiter, Bernhard (1894-?)
Reuter, Friedrich Ludwig (1848-1940)
Rodenwaldt, Gerhart (1886-1945)
Roehl, Karl (1870-1951)
Rüppell, Eduard (1794-1884)
Saint Paul-Illaire, Walter von ("Afrikanus") (1860-1940)
Scheller-Steinwartz, Robert von (1865-1921)
Schiff, Alfred (1863-1939)
Schleif, Hans (1902-1945)
Schliemann, Johann Ludwig Heinrich (1822-1890)
Schlobies, Hans (1904-1950)
Schloifer, Otto (1867-1941)
Schmidt, Rochus (1860-1938)
Schnee, Heinrich (1871-1949)
Schnitzer, Eduard (s. Emin Pascha)
Schubert, Ernst Traugott (1838-1900)
Schuckmann, Bruno von (1857-1919)
Schultze-Rhonhof, Arnold (1875-nach 1934)
Schweinfurth, Georg (1836-1925)
Sehlapelo (Shelapelo), Cornelius Moloxeng (1879-?)
Solf, Wilhelm (1862-1936)

Sprenger, Aloys (1813-1893)
Steffen, Bernhard (1844-1991)
Stuhlmann, Franz (1863-1928)
Thiersch, Hermann (1874-1939)
Thormählen, Johannes (1842-1909)
Tscheuschner, Ernst (1904-1989)
Unbekannter Reisender aus Paris (19. Jh.)
Virchow, Rudolf (1821-1902)
Wiegand, Theodor (1864-1936)
Wolff, Oskar (1858-1943)
Ziegler, Alexander (1822-1887)
Zech, Julius Graf von (1868-1914)
Zöller, Hugo (1852-1933)

Regionen Afrikas mit Hinweis auf Nachlässe

Nachlaßgeber, die sich in verschiedenen Regionen Afrikas befanden, tauchen entsprechend mehrfach auf. Wenn sich der Aufenthalt in der genannten Region bekannterweise auf bestimmte Länder bzw. Kolonialgebiete beschränkte, so werden diese hinter den Lebensdaten extra aufgeführt.

Nordafrika

Bergmann, Gustav von (1878-1955) -> Ägypten
Bittel, Kurt (1907-1991) -> Ägypten
Brugsch (-Pascha), Heinrich Ferdinand Karl (1827-1894) -> Ägypten
Dittmann, Karl Heinrich (1907-?) -> Ägypten
Ebers, Georg (1837-1898)
Ehrenberg, Christian Gottfried (1795-1876)

Erbkam, Georg Gustav (1811-1876) -> Ägypten, Äthiopien
Feder, Artur (1887-?) -> Marokko
Hintze, Fritz (1915-1993) -> Ägypten
Hölscher, Wilhelm (1912- um 1943) -> Ägypten
Kittlitz, Friedrich Heinrich Freiherr von (1799-1874)
Koch, Robert (1834-1910) -> Ägypten
Krencker, Daniel (1874-1941)
Kühnel, Ernst (1882-1964)
Lenz, Oskar (1848-1925)
Lepsius, Richard (1810-1884) -> Ägypten, Äthiopien
Littmann, Ludwig Richard Enno (1875-1958) -> Ägypten, Äthiopien
Meister, Richard Carl (1848-1912) -> Ägypten
Meyer, Eduard (1855-1930) -> Ägypten
Nachtigal, Gustav (1834-1885) -> Tunesien, Algerien
Niebuhr, Carsten (1733-1815)
Pfeil, Joachim Graf von (1857-1924) -> Marokko
Rodenwaldt, Gerhart (1886-1945) -> Ägypten
Rüppell, Eduard (1794-1884)
Scheller-Steinwartz, Robert von (1865-1921) -> Äthiopien
Schiff, Alfred (1863-1939) -> Ägypten
Schliemann, Johann Ludwig Heinrich (1822-1890) -> Ägypten
Schlobies, Hans (1904-1950) -> Äthiopien
Schweinfurth, Georg (1836-1925)
Sprenger, Aloys (1813-1893) -> Ägypten
Steffen, Bernhard (1844-1991) -> Ägypten
Thiersch, Hermann (1874-1939) -> Ägypten, Libyen
Unbekannter Reisender aus Paris (19. Jhd.) -> Ägypten
Virchow, Rudolf (1821-1902) -> Ägypten
Wiegand, Theodor (1864-1936) -> Libyen
Ziegler, Alexander (1822-1887) -> Ägypten
Zöller, Hugo (1852-1933) -> Ägypten

Westafrika

Buchholz, Reinhold (1837-1876)
Gruner, Hans (1865-1934) -> Togo
Jacob, ? (nach 1850) -> Kamerun
Lenz, Oskar (1848-1925)
Luschan, Felix von (1864-1924)
Mildbread, Johannes (1879-1954) -> Kamerun
Nachtigal, Gustav (1834-1885)
Neuhauss, Richard (1855-1915) -> Deutsch-Neu-Guinea
Pfeil, Joachim Graf von (1857-1924) -> Kamerun
Puttkammer, Jesco von (1855-1917) -> Togo, Kamerun
Schuckmann, Bruno von (1857-1919) -> Kamerun
Schultze-Rhonhof, Arnold (1875-nach 1934) -> Kamerun
Thormählen, Johannes (1842-1909) -> Kamerun
Zech, Julius Graf von (1868-1914) -> Togo
Zöller, Hugo (1852-1933)

Ostafrika

Braun, Carl Philipp Johann Georg (1870-1935)
Emin Pascha (Schnitzer, Eduard) (1840-1892) -> Deutsch-Ostafrika, Sudan
Fromm, Paul Ludwig-Theodor Johannes (1864-?) -> Deutsch-Ostafrika
Huch (geb. Schlieben), Edith (1913-?) -> Tanganyika
Kayser, Paul (1845-1898) -> Deutsch-Ostafrika
Knaak, Siegfried (1875-1955)
Koch, Robert (1834-1910) -> Deutsch-Ostafrika
Lenz, Oskar (1848-1925)
Luschan, Felix von (1864-1924)
Neumann, Oskar (?) -> Deutsch-Ostafrika
Peters, Karl (1856-1918) -> Deutsch-Ostafrika
Pfeil, Joachim Graf von (1857-1924)
Roehl, Karl (1870-1951)

Saint Paul-Illaire, Walter von ("Afrikanus") (1860-1940) -> Deutsch-Ostafrika
Schleif, Hans (1902-1945) -> Sudan
Schloifer, Otto (1867-1941) -> Deutsch-Ostafrika
Schmidt, Rochus (1860-1938) -> Deutsch-Ostafrika
Schnee, Heinrich (1871-1949) -> Deutsch-Ostafrika
Solf, Wilhelm (1862-1936) -> Deutsch-Ostafrika
Stuhlmann, Franz (1863-1928) -> Deutsch-Ostafrika
Tscheuschner, Ernst (1904-1989) -> Tanzania
Wolff, Oskar (1858-1943)

Zentralafrika

Emin Pascha (Schnitzer, Eduard) (1840-1892) -> Kongo
Lenz, Oskar (1848-1925) -> Kongo
Mildbread, Johannes (1879-1954)
Neumann, Oskar (?)
Schultze-Rhonhof, Arnold (1875-nach 1934)

Südliches Afrika

Fromm, Paul Ludwig-Theodor Johannes (1864-?) ->SWA
Jacob, ? (nach 1850) -> Südwestafrika
Kadach, Carl August (1851-1912) -> Südafrika
Knaak, Siegfried (1875-1955) -> Südafrika
Koch, Robert (1834-1910) -> Südafrika
Krebs, Ludwig (1795-1844) -> Kapland
Lichtenstein, Martin Heinrich Karl (1780-1857) -> Südafrika
Luschan, Felix von (1864-1924)
Peters, Wilhelm Karl Hartwig (1815-1883)
Posselt, Otto (1875-nach 1924) -> Südafrika
Pfeil, Joachim Graf von (1857-1924)

Reuter, Friedrich Ludwig (1848-1940) -> Südafrika
Schubert, Ernst Traugott (1838-1900) -> Südafrika
Schuckmann, Bruno von (1857-1919) -> SWA, Südafrika
Sehlapelo (Shelapelo), Cornelius Moloxeng (1879-?) -> Südafrika
Solf, Wilhelm (1862-1936) -> SWA
Tscheuschner, Ernst (1904-1989) -> Südafrika

Genauere Region unbekannt

Junker, Wilhelm (1840-1892)
Reiter, Bernhard (1894-?)

Alphabetisches Kurzverzeichnis der Archive und Bibliotheken

Berlin

Ägyptisches Museum und Papyrussammlung (SMPK)
Archiv des Berliner Missionswerkes
Archiv zur Geschichte der Max-Planck-Gesellschaft
Berlin-Brandenburgische Akademie der Wissenschaften
Botanischer Garten und Botanisches Museum Berlin-Dahlem
Bundesarchiv Berlin
Deutsches Archäologisches Institut
Deutsches Technikmuseum Berlin
Evangelisches Zentralarchiv in Berlin
Geheimes Staatsarchiv Preußischer Kulturbesitz
Heimatverein Zehlendorf
Hochschule der Künste Berlin, Hochschularchiv

Hochschule der Künste Berlin, Hochschulbibliothek
Humboldt-Universität zu Berlin, Universitätsarchiv
Institut für Mikrobiologie und Hygiene (HUB)
Institut für systematische Zoologie (HUB)
Museum für Völkerkunde (SMPK)
Physikalisch-technische Bundesanstalt
Robert Koch-Institut
Staatsbibliothek Preußischer Kulturbesitz Haus 1
Staatsbibliothek Preußischer Kulturbesitz Haus 2
Zentral- und Landesbibliothek Berlin

Brandenburg

Domstiftsarchiv und -bibliothek Brandenburg (Havel)
Stadtverwaltung Angermünde, Stadtarchiv

Mecklenburg-Vorpommern

Ernst-Moritz-Arndt-Universität Greifswald, Zoologisches Institut
Mecklenburgisches Landeshauptarchiv Schwerin

Literaturverzeichnis

Henige, David P.: Colonial Governors from the Fifteenth Century to the Present, Madison-Milwaukee-London 1970.

Denecke, Ludwig: Die Nachlässe in den Bibliotheken der Bundesrepublik Deutschland, 2. Aufl., völlig neu bearb. von Tilo Brandis, Boppard am Rhein 1981.

Deutsches Bibliotheksinstitut (Hg.): Handbuch der Handschriftenbestände in der Bundesrepublik Deutschland. Teil 1 (Alte Bundesländer), bearb. von Tilo Brandis und Ingo Nöther, Berlin 1992.

Franz, Eckhart G.: Das Deutsch-Ostafrika-Archiv: Inventar der Abteilung "German Records" im Nationalarchiv der Vereinigten Republik Tansania, Dar-es-Salaam. Bd. 1 und 2, bearb. von Eckhart G. Franz u. Peter Geissler, Veröffentlichungen der Archivschule Marburg, Institut für Archivwissenschaft, Nr. 9, 2. Aufl., Marburg 1984.

Institut für Bibliothekswissenschaft der Humboldt-Universität zu Berlin: Gelehrten- und Schriftstellernachlässe in den Bibliotheken der Deutschen Demokratischen Republik. Teil 1: Die Nachlässe in den wissenschaftlichen Allgemeinbibliotheken, bearb. von Ruth Unger, Berlin 1959.

Lülfing, Hans/Ruth Unger (Hg.): Gelehrten- und Schriftstellernachlässe in den Bibliotheken der Deutschen Demokratischen Republik. Teil 2: Die Nachlässe in wissenschaftlichen Instituten und Museen und in den allgemeinbildenden Bibliotheken, Berlin 1968.

Lülfing, Hans/Horst Wolf (Hg.): Gelehrten- und Schriftstellernachlässe in den Bibliotheken der Deutschen Demokratischen Republik. Teil 3: Nachträge, Ergänzungen, Register, Berlin 1971.

Mommsen, Wolfgang A.: Die Nachlässe in den deutschen Archiven (mit Ergänzungen aus anderen Beständen). Teil 1, Schriften des Bundesarchivs Bd. 17/I, Boppard am Rhein 1971.

Mommsen, Wolfgang A.: Die Nachlässe in den deutschen Archiven (mit Ergänzungen aus anderen Beständen). Teil 2, Schriften des Bundesarchivs Bd. 17/II, Boppard am Rhein 1983.

Ritter, Ernst (Bearb.): Quellen zur Geschichte Nordafrikas, Asiens und Ozeaniens in der Bundesrepublik Deutschland bis 1945 (Quellenführer zur Geschichte der Nationen, Reihe 3, Nordafrika, Asien und Ozeanien, Bd. 6, hrgs. vom Internationalen Archivrat), München 1984.

Schnee, Heinrich: Deutsches Kolonial-Lexikon, 3 Bde., Leipzig 1920.

Staatsbibliothek zu Berlin Preußischer Kulturbesitz/Deutsches Bibliotheksinstitut (Hg.): Sigelverzeichnis für die Bibliotheken der Bundesrepublik Deutschland. Stand: 1994, Berlin 1995.

Verein deutscher Archivare (Hg.): Archive in der Bundesrepublik Deutschland, Österreich und der Schweiz, Ausg. 15, Münster 1995.

ZENTRUM MODERNER ORIENT

ARBEITSHEFTE

Nr. 1 ANNEMARIE HAFNER/JOACHIM HEIDRICH/PETRA HEIDRICH: Indien: Identität, Konflikt und soziale Bewegung

Nr. 2 HEIKE LIEBAU: Die Quellen der Dänisch-Halleschen Mission in Tranquebar in deutschen Archiven. Ihre Bedeutung für die Indienforschung

Nr. 3 JÜRGEN HERZOG: Kolonialismus und Ökologie im Kontext der Geschichte Tansanias - Plädoyer für eine historische Umweltforschung (herausgegeben von Achim von Oppen)

Nr. 4 GERHARD HÖPP: Arabische und islamische Periodika in Berlin und Brandenburg, 1915 - 1945. Geschichtlicher Abriß und Bibliographie

Nr. 5 DIETRICH REETZ: Hijrat: The Flight of the Faithful. A British file on the Exodus of Muslim Peasants from North India to Afghanistan in 1920

Nr. 6 HENNER FÜRTIG: Demokratie in Saudi-Arabien? Die Āl Saʿūd und die Folgen des zweiten Golfkrieges

Nr. 7 THOMAS SCHEFFLER: Die SPD und der Algerienkrieg (1954-1962)

Nr. 8 ANNEMARIE HAFNER (Hg.): Essays on South Asian Society, Culture and Politics

Nr. 10 UTE LUIG/ACHIM VON OPPEN (Hg.): Naturaneignung in Afrika als sozialer und symbolischer Prozess

Nr. 11 GERHARD HÖPP/GERDIEN JONKER (Hg.): In fremder Erde. Zur Geschichte und Gegenwart der islamischen Bestattung in Deutschland

Nr. 12 HENNER FÜRTIG: Liberalisierung als Herausforderung. Wie stabil ist die Islamische Republik Iran?

Nr. 13 UWE PFULLMANN: Thronfolge in Saudi-Arabien - vom Anfang der wahhabitischen Bewegung bis 1953

Nr. 14 DIETRICH REETZ/HEIKE LIEBAU (Hg.): Globale Prozesse und "Akteure des Wandels": Quellen und Methoden ihrer Untersuchung

Nr. 15 JAN-GEORG DEUTSCH/INGEBORG HALENE (Hg.): Afrikabezogene Nachlässe in den Bibliotheken und Archiven der Bundesländer Berlin, Brandenburg und Mecklenburg-Vorpommern

In Vorbereitung:

Nr. 9 BERNT GLATZER (Hg.): Essays on South Asian Society, Culture and Politics II

STUDIEN

Bd. 1   JOACHIM HEIDRICH (Hg.): Changing Identities. The Transformation of Asian and African Societies under Colonialism

Bd. 2   ACHIM VON OPPEN/RICHARD ROTTENBURG (Hg.): Organisationswandel in Afrika: Kollektive Praxis und kulturelle Aneignung

Bd. 3   JAN-GEORG DEUTSCH: Educating the Middlemen: A Political and Economic History of Statutory Cocoa Marketing in Nigeria, 1936-1947

Bd. 4   GERHARD HÖPP (Hg.): Fremde Erfahrungen: Asiaten und Afrikaner in Deutschland, Österreich und in der Schweiz bis 1945

Bd. 5   HELMUT BLEY: Afrika: Geschichte und Politik. Ausgewählte Beiträge 1967-1992

Bd. 6   GERHARD HÖPP: Muslime in der Mark. Als Kriegsgefangene und Internierte in Wünsdorf und Zossen, 1914 - 1924

In Vorbereitung:

Bd. 7   ANNEMARIE HAFNER: Proleratische Lebenswelten im kolonialen Indien. Zur Kultur von Textilarbeitern in Bombay und Kalkutta sowie von Teeplantagenkulis in Assam (Arbeitstitel)

Bd. 8:   JAN-GEORG DEUTSCH/ALBERT WIRZ: Geschichte in Afrika

Bei Fragen zur Produktsicherheit wenden Sie sich bitte an:
If you have any questions regarding product safety,
please contact:

Walter de Gruyter GmbH
Genthiner Straße 13
10785 Berlin
productsafety@degruyterbrill.com